A Revolução Argelina

REVOLUÇÕES
DO SÉCULO 20

FUNDAÇÃO EDITORA DA UNESP

Presidente do Conselho Curador
Mário Sérgio Vasconcelos

Diretor-Presidente
Jézio Hernani Bomfim Gutierre

Superintendente Administrativo e Financeiro
William de Souza Agostinho

Conselho Editorial Acadêmico
Carlos Magno Castelo Branco Fortaleza
Henrique Nunes de Oliveira
João Francisco Galera Monico
João Luís Cardoso Tápias Ceccantini
José Leonardo do Nascimento
Lourenço Chacon Jurado Filho
Paula da Cruz Landim
Rogério Rosenfeld
Rosa Maria Feiteiro Cavalari

Editores-Adjuntos
Anderson Nobara
Leandro Rodrigues

Mustafa Yazbek

A Revolução Argelina

Coleção Revoluções do Século 20
Direção de Emília Viotti da Costa

© 2008 Editora Unesp

Direitos de publicação reservados à:
Fundação Editora da UNESP (FEU)
Praça da Sé, 108
01001-900 – São Paulo – SP
Tel.: (0xx11) 3242-7171
Fax: (0xx11) 3242-7172
www.editoraunesp.com.br
www.livrariaunesp.com.br
feu@editora.unesp.br

CIP – Brasil. Catalogação na fonte
Sindicato Nacional dos Editores de Livros, RJ

Y37r

Yazbek, Mustafa, 1952-

A revolução argelina/Mustafa Yazbek; direção [da série] de Emília Viotti da Costa. – São Paulo: Ed. UNESP, 2010.
104p. : il., mapa – (Revoluções do Século XX)

Inclui bibliografia
ISBN 978-85-393-0052-5

1. Argélia – História – Revolução, 1954-1962. 2. Argélia – Política e governo – 1945-1962. 3. Argélia – História – Século XX. I. Título. II. Série.

10-2926.
CDD: 965.046
CDU: 94(65)"1954/1962"

Editora afiliada:

Asociación de Editoriales Universitarias
de América Latina y el Caribe

Associação Brasileira de
Editoras Universitárias

Apresentação da coleção

O século XIX foi o século das revoluções liberais; o XX, o das revoluções socialistas. Que nos reservará o século XXI? Há quem diga que a era das revoluções está encerrada, que o mito da Revolução que governou a vida dos homens desde o século XVIII já não serve como guia no presente. Até mesmo entre pessoas de esquerda, que têm sido ao longo do tempo os defensores das ideias revolucionárias, ouve-se dizer que os movimentos sociais vieram substituir as revoluções. Diante do monopólio da violência pelos governos e do custo crescente dos armamentos bélicos, parece a muitos ser quase impossível repetir os feitos da era das barricadas.

Por toda parte, no entanto, de Seattle a Porto Alegre ou Mumbai, há sinais de que hoje, como no passado, há jovens que não estão dispostos a aceitar o mundo tal como se configura em nossos dias. Mas quaisquer que sejam as formas de lutas escolhidas, é preciso conhecer as experiências revolucionárias do passado. Como se tem dito e repetido, quem não aprende com os erros do passado está fadado a repeti-los. Existe, contudo, entre as gerações mais jovens, uma profunda ignorância desses acontecimentos tão fundamentais para a compreensão do passado e a construção do futuro. Foi com essa ideia em mente que a Editora UNESP decidiu publicar esta coleção. Esperamos que os livros venham a servir de leitura complementar aos estudantes da escola média, universitários e ao público em geral.

Os autores foram recrutados entre historiadores, cientistas sociais e jornalistas, norte-americanos e brasileiros, de posições políticas diversas, cobrindo um espectro que vai do centro até a esquerda. Essa variedade de posições foi conscientemente buscada. O que perdemos, talvez, em consistência, esperamos ganhar na diversidade de interpretações que convidam à reflexão e ao diálogo.

Para entender as revoluções no século XX, é preciso colocá-las no contexto dos movimentos revolucionários que se desencadearam a partir da segunda metade do século XVIII, resultando na destruição final do Antigo Sistema Colonial e do Antigo Regime. Apesar das profundas diferenças, as revoluções posteriores procuraram levar a cabo um projeto de democracia que se perdeu nas abstrações e contradições da Revolução de 1789 e se tornou o centro das lutas do povo a partir daí. De fato, o século XIX assistiu a uma sucessão de revoluções inspiradas na luta pela independência das colônias inglesas na América e na Revolução Francesa.

Em 4 de julho de 1776, as treze colônias que vieram inicialmente a constituir os Estados Unidos da América declaravam sua independência e justificavam a ruptura do Pacto Colonial. Em palavras candentes e profundamente subversivas para a época, afirmavam a igualdade dos homens e apregoavam como seus direitos inalienáveis: o direito à vida, à liberdade e à busca da felicidade. Afirmavam que o poder dos governantes, aos quais cabia a defesa daqueles direitos, derivava dos governados. Portanto, cabia a estes derrubar o governante quando ele deixasse de cumprir sua função de defensor dos direitos e resvalasse para o despotismo.

Esses conceitos revolucionários que ecoavam o Iluminismo foram retomados com maior vigor e amplitude treze anos mais tarde, em 1789, na França. Se a Declaração de Independência das colônias americanas ameaçava o sistema colonial, a Revolução Francesa viria pôr em questão todo o Antigo Regime, a ordem social que o amparava, os privilégios da aristocracia, o sistema de monopólios, o absolutismo real, o poder divino dos reis.

Não por acaso, a Declaração dos Direitos do Homem e do Cidadão, aprovada pela Assembleia Nacional da França, foi redigida pelo marquês de La Fayette, francês que participara das lutas pela independência das colônias americanas. Este contara com a colaboração de Thomas Jefferson, que se encontrava na França, na ocasião como enviado do governo americano. A Declaração afirmava a igualdade dos homens perante a lei. Definia como seus direitos inalienáveis a liberdade, a propriedade, a segurança e a resistência à opressão, sendo a preservação desses direitos o objetivo de toda associação política. Estabelecia que ninguém poderia ser privado de sua propriedade, exceto em casos de evidente necessidade pública legalmente comprovada, e desde que fosse prévia e justamente indenizado. Afirmava ainda a soberania da nação e a supremacia da lei. Esta era definida como expressão da vontade geral e deveria ser igual para todos. Garantia a liberdade de expressão, de ideias e de religião, ficando o indivíduo responsável pelos abusos dessa liberdade, de acordo com a lei. Estabelecia um imposto aplicável a todos, proporcionalmente aos meios de cada um. Conferia aos cidadãos o direito de, pessoalmente ou por intermédio de seus representantes, participar na elaboração dos orçamentos, ficando os agentes públicos obrigados a prestar contas de sua administração. Afirmava ainda a separação dos poderes.

Essas declarações, que definem bem a extensão e os limites do pensamento liberal, reverberaram em várias partes da Europa e da América, derrubando regimes monárquicos absolutistas, implantando sistemas liberal-democráticos de vários matizes, estabelecendo a igualdade de todos perante a lei, adotando a divisão dos poderes (legislativo, executivo e judiciário), forjando nacionalidades e contribuindo para a emancipação dos escravos e a independência das colônias latino-americanas.

O desenvolvimento da indústria e do comércio, a revolução nos meios de transporte, os progressos tecnológicos, o processo de urbanização, a formação de uma nova classe social – o proletariado – e a expansão imperialista dos países europeus na África e na Ásia geravam deslocamentos, conflitos sociais e guerras em várias partes do mundo. Por toda a parte os grupos excluídos defrontavam-se com novas oligarquias que não atendiam às suas necessidades e não respondiam aos seus anseios. Estes extravasavam em lutas visando a tornar mais efetiva a promessa democrática que a acumulação de riquezas e poder nas mãos de alguns, em detrimento da maioria, demonstrara ser cada vez mais fictícia.

A igualdade jurídica não encontrava correspondência na prática; a liberdade sem a igualdade transformava-se em mito; os governos representativos representavam apenas uma minoria, pois a maioria do povo não tinha representação de fato. Um após outro, os ideais presentes na Declaração dos Direitos do Homem foram revelando seu caráter ilusório. A resposta não se fez tardar.

Ideias socialistas, anarquistas, sindicalistas, comunistas, ou simplesmente reformistas apareceram como críticas ao mundo criado pelo capitalismo e pela liberal-democracia. As primeiras denúncias ao novo sistema surgiram contemporaneamente à Revolução Francesa. Nessa época, as críticas ficaram restritas a uns poucos revolucionários mais radicais, como Gracchus Babeuf. No decorrer da primeira metade do século XIX, condenações da ordem social e política criada a partir da Restauração dos Bourbon na França fizeram-se ouvir nas obras dos chamados socialistas utópicos, como Charles Fourier (1772-1837), o conde de Saint-Simon (1760-1825), Pierre Joseph Proudhon (1809-1865), o abade Lamennais (1782-1854), Étienne Cabet (1788-1856), Louis Blanc (1812-1882), entre outros. Na Inglaterra, Karl Marx (1818-1883) e seu companheiro Friedrich Engels (1820-1895) lançavam-se na crítica sistemática ao capitalismo e à democracia burguesa, e viam na luta de classes o motor da história e, no proletariado, a força capaz de promover a revolução social. Em 1848, vinha à luz o *Manifesto comunista*, conclamando os proletários do mundo a se unirem.

Em 1864, criava-se a Primeira Internacional dos Trabalhadores. Três anos mais tarde, Marx publicava o primeiro volume de *O capital*. Enquanto isso, sindicalistas, reformistas e cooperativistas de toda espécie, como Robert Owen, tentavam humanizar o capitalismo. Na França, o contingente de radicais aumentara bastante, e propostas radicais começaram a mobilizar um maior número de pessoas entre as populações urbanas. Os socialistas, derrotados em 1848, assumiram a liderança por um breve período na Comuna de Paris, em 1871, quando foram novamente vencidos. Apesar de suas derrotas e múltiplas divergências entre os militantes, o socialismo foi ganhando adeptos em várias partes do mundo. Em 1873, dissolvia-se a Primeira Internacional. Marx faleceu dez anos mais tarde, mas sua obra continuou a exercer poderosa influência. O segundo volume de *O capital* saiu em 1885, dois anos após sua morte, e o terceiro, em 1894. Uma nova Internacional foi fundada em 1889. O movimento em favor de uma mudança radical ganhava um número cada vez maior de participantes, em várias partes do mundo, culminando na Revolução Russa de 1917, que deu início a uma nova era.

No início do século XX, o ciclo das revoluções liberais parecia definitivamente encerrado. O processo revolucionário, agora sob inspiração de socialistas e comunistas, transcendia as fronteiras da Europa e da América para assumir caráter mais universal. Na África, na Ásia, na Europa e na América, o caminho seguido pela União Soviética alarmou alguns e serviu de inspiração a outros, provocando debates e confrontos internos e externos que marcaram a história do século XX, envolvendo a todos. A Revolução Chinesa, em 1949, e a Cubana, dez anos mais tarde, ampliaram o bloco socialista e forneceram novos modelos para revolucionários em várias partes do mundo.

Desde então, milhares de pessoas pereceram nos conflitos entre o mundo capitalista e o mundo socialista. Em ambos os lados, a historiografia foi profundamente afetada pelas paixões políticas suscitadas pela Guerra Fria e deturpada pela propaganda. Agora, com o fim da Guerra Fria, o desaparecimento da União Soviética e a participação da China em instituições até recentemente controladas pelos países capitalistas, talvez seja possível dar início a uma reavaliação mais serena desses acontecimentos.

Esperamos que a leitura dos livros desta coleção seja, para os leitores, o primeiro passo numa longa caminhada em busca de um futuro em que liberdade e igualdade sejam compatíveis e a democracia seja a sua expressão.

Emília Viotti da Costa

Sumário

Lista de abreviaturas   *15*

Introdução   *17*

1. A chegada dos franceses   *21*

2. Nacionalismo, uma explosão   *27*

3. O impasse das vias legais   *37*

4. A FLN assume o comando   *51*

5. A força das artes e do pensamento   *59*

6. A independência ao alcance das mãos   *69*

7. O futuro de uma nação inteira   *91*

Bibliografia   *101*

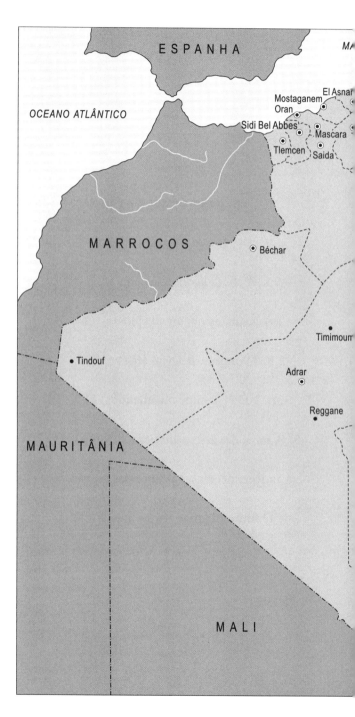

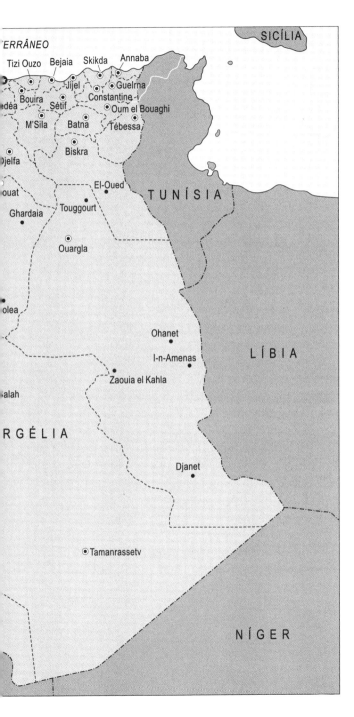

Lista de Abreviaturas

ACE	Alto Conselho de Estado
AML	Amigos do Manifesto e da Liberdade
AUA	Associação de Ulemás Argelinos
CCE	Comitê de Coordenação e Execução
CFLN	Comitê Francês para a Libertação Nacional
CNRA	Conselho Nacional da Revolução Argelina
CRUA	Comitê Revolucionário de Unidade e Ação
EIS	Exército Islâmico de Salvação
ELN	Exército de Libertação Nacional
ENA	Estrela Norte-Africana
FFS	Frente de Forças Socialistas
FIS	Frente Islâmica de Salvação
FLN	Frente de Libertação Nacional
FME	Federação dos Muçulmanos Eleitos
GIA	Grupo Islâmico Armado
GPRA	Governo Provisório da República Argelina
MNA	Movimento Nacional Argelino
MTLD	Movimento pelo Triunfo das Liberdades Democráticas
OES	Organização do Exército Secreto
OMC	Organização Mundial do Comércio
ONU	Organização das Nações Unidas
OS	Organização Especial
OTAN	Organização do Tratado do Atlântico Norte
PCA	Partido Comunista Argelino
PCF	Partido Comunista Francês
PPA	Partido do Povo Argelino
PRS	Partido da Revolução Socialista

RCD	Reagrupação pela Cultura e a Democracia
RDN	União Nacional Democrática
UDMA	União Democrática do Manifesto Argelino
UGCA	União Geral dos Comerciantes Argelinos
UGTA	União Geral dos Trabalhadores Argelinos
UMNA	União dos Muçulmanos Norte-Africanos

Introdução

A Argélia representava para o Estado francês, até meados do século XX, uma enorme extensão de terra ocupada por algumas tribos primitivas árabes e berberes, a maioria delas muçulmanas. Um território onde todas as melhorias existentes deviam ser tributadas ao poder da França, graças à atividade dos chamados pés negros (*pieds-noirs*), colonos franceses e seus descendentes criados na Argélia. Esse mesmo termo seria usado para definir também imigrantes vindos de outras partes da Europa.

Todo progresso registrado – campos cultivados, crescimento das cidades da costa mediterrânea e avanços no sistema educacional, no setor de saúde pública e na habitação – era creditado ao colonialismo.

A Argélia está localizada no norte da África, em uma área na maior parte situada no deserto do Saara – cerca de 80% de seu território –, e sua população, constituída de uma grande maioria de árabes e berberes, distribui-se principalmente pelo deserto e pela cadeia do Atlas. O idioma oficial é o árabe, e o francês é a principal língua estrangeira falada no país. Dialetos berberes sobrevivem na Kabilia Ocidental, nas montanhas, onde os berberes preservaram sua cultura e suas tradições. Os árabes, um povo nômade, eram mais voltados às atividades de pastoreio. A parte oriental da Argélia é de domínio dos berberes; já a porção ocidental, mais seca, pertence aos árabes. Estes, ao lado dos europeus, ocuparam as cidades principais.

A colonização francesa na Argélia foi classificada como de povoamento, sempre atribuída aos *pieds-noirs*, que ganhavam ou compravam as terras expropriadas dos nativos, processo esse regulamentado pela Lei Warnier, de 1873. O filósofo francês Jean-Paul Sartre, personalidade envolvida profundamente na luta pela libertação argelina, avaliou que em 1850 o domínio dos colonos era de 11.500 hectares; em 1900, de 1.600.000; e em 1950, de 2.703.000 hectares. Assim, os nativos foram sendo expropriados e empurrados para as áreas mais improdutivas e desérticas do país.

Os franceses desestruturaram a economia argelina tradicional: nas terras onde antes eram cultivados cereais para alimentação, os colonizadores trataram de plantar videiras para a produção e exportação de vinhos para a Europa. Como característica dessa economia, Sartre afirmava que o Estado francês entregava a terra árabe aos colonos, dando-lhes, desse modo, um poder de compra que permitia aos industriais franceses vender-lhes seus produtos. E os colonos vendiam aos mercados da metrópole os frutos dessa terra que Sartre sempre chamou de roubada.

Em 1865 a Argélia foi anexada oficialmente pela França, a qual decretou que todos que renegassem o estatuto civil muçulmano receberiam a cidadania francesa. O decreto de anexação determinava que quem aceitasse a cidadania deveria abrir mão também do código religioso islâmico (*sharia*), o que significava uma renúncia ao próprio islamismo. Consta que apenas duzentos argelinos aceitaram tal mudança.

Em 1880 foi criado o Código dos Indígenas, que previa duras penas aos que infringissem as leis coloniais. Procurava-se, com isso, permitir aos administradores civis, aliados dos militares, manter sob controle os grupos – principalmente tribais – que se opunham a todas as formas de submissão.

Melhorias concretas ocorreram sem que a população local pudesse interferir na escolha do que lhe convinha e sem ter qualquer participação no processo. O grosso da população argelina forneceu uma força de trabalho que, explorada de forma intensa pelos colonos, foi o combustível que movia a máquina econômica.

O colonialismo, mesmo favorecendo o desenvolvimento social e econômico da Argélia em função de interesses próprios, preparava o terreno que conduziria ao seu fim. Os dirigentes da luta que colocaria ponto final à presença francesa em terras argelinas seriam fornecidos justamente pelos grupos locais mais beneficiados pelo relativo desenvolvimento. Esses setores, à medida que avançava o processo colonizador, reivindicavam mais autonomia, não se contentando em continuar submetidos às autoridades coloniais.

Movidos pela forte onda nacionalista que percorreria o mundo árabe e culminaria com a ascensão ao poder no Egito do pan-arabismo nasserista, os argelinos lutaram quase dez anos pela independência, conquistando com ela dignidade nacional e maior autonomia no controle do destino de seu país.

A independência foi alcançada durante uma guerra de violência devastadora, na qual pereceram, segundo algumas estimativas, cerca de cem mil pessoas a cada ano de sua duração. Com a tomada do poder pela Frente de Libertação Nacional (FLN), teve início a árdua tarefa de reconstrução e edificação de um país socialista. Apesar de recente, o socialismo argelino, de características particulares, alcançou notáveis resultados, sobretudo se consideradas as dificuldades enfrentadas após uma longa guerra que arrasou inteiramente o país.

Na primeira década do século XXI, no contexto do que se denomina países em desenvolvimento, a Argélia destaca-se pelos importantes resultados obtidos no processo de socialização da economia: reforma agrária, autogestão, nacionalização progressiva de bancos e grandes indústrias, bem como pelas conquistas sociais e culturais alcançadas e reconhecidas internacionalmente.

Tudo isso contribuiu para que a Argélia assumisse uma posição de relevo diante de outros países do mundo islâmico norte-africano. O país manteve uma postura de relativa independência diante das grandes potências, mas sem que isso representasse isolamento e sem que significasse alterar, em função de pressões externas circunstanciais, os rumos escolhidos por seu projeto de desenvolvimento.

Porém, mesmo considerando a importância do processo argelino na história da luta dos povos afro-asiáticos contra o colonialismo e na busca de uma independência nacional, as referências ao país podem ser consideradas raras no Brasil. A bibliografia em português é escassa. Nas diversas formas de imprensa, são poucas as informações sobre o que ocorreu – e ocorre – ali, com exceção de eventuais episódios caracterizados pela violência.

Levando em consideração tal realidade, este livro pretende servir como apresentação de um tema injustificadamente marginalizado, além de agir como estímulo para os interessados em conhecer uma experiência expressiva de independência nacional e de tentativa de construção de uma nova sociedade.

1. A chegada dos franceses

No século XIX, o desenvolvimento econômico alcançado pelas nações europeias, decorrente do processo iniciado com a Revolução Industrial, conduziria a burguesia da Europa à conquista colonial. A expansão capitalista passou a necessitar constantemente de fornecedores de matéria-prima – incluindo produtos agrícolas –, ao mesmo tempo que precisava de mercados consumidores para seus excedentes de produção e que servissem também como áreas de investimento de capitais.

É necessário acrescentar a tal conjuntura fatores de ordem demográfica (superpopulação das grandes cidades europeias) e cultural-religiosa (difusão do cristianismo e da cultura europeia) para formar o quadro básico que levou alguns países europeus à conquista colonial. Desencadeia-se assim uma corrida em que as nações de capitalismo avançado voltavam suas atenções para as imensas e potencialmente ricas regiões da África e da Ásia.

Dessa maneira define-se, em traços sintéticos, o colonialismo, no contexto em que as potências europeias concorrem entre si na disputa pela hegemonia sobre territórios e mercados. O colonialismo se caracterizará, frequentemente, pela noção de superioridade – em todos os aspectos – dos europeus em relação aos povos africanos e asiáticos, alvos de sua política.

Dessa forma, potências colonialistas, como Inglaterra, França e Holanda, anexaram territórios e exerceram controle político direto sobre eles. A troca desigual, reforçada pela monopolização da economia colonial pela metrópole, aumentou os lucros dos colonizadores. No período imperialista, o colonialismo tinha um papel fundamental. Agora, porém, as potências buscavam investir capital nas colônias em razão das baixas taxas de investimento de capital nas metrópoles, do advento da Segunda Revolução Industrial e, principalmente, do baixo preço da força de trabalho dos povos colonizados e da proximidade dos recursos naturais a ser explorados. Assim, constrói-se uma infraestrutura básica que possibilita o aumento dos lucros das metrópoles. As linhas ferroviárias são um notável exemplo dessa iniciativa. E a indústria desenvolvida das colônias está voltada para as etapas iniciais da transformação da matéria-prima.

Para defender os interesses das potências europeias e das populações "beneficiadas", o continente africano foi retalhado durante a corrida colonialista do século XIX, à frente da qual estavam ingleses e franceses.

A Inglaterra é reconhecida como modelo acabado de império colonial, mas a França também teve um desempenho bastante expressivo e, inclusive, relativamente rápido. É possível dizer que a conquista e a ocupação de territórios pela França tiveram início antes mesmo da consolidação do modelo clássico de imperialismo colonial por parte dos ingleses. Coube à Argélia ser a primeira região ocupada pelos franceses no século XIX, com um custo humano considerável, embora compensador do ponto de vista econômico.

Na segunda metade do século XIX desenvolveram-se os negócios e as finanças, houve aumento das vias de comunicação e permitiu-se a exportação para a Europa de vários produtos locais, como vinho, lã e couro. É bem verdade que empresas e comerciantes europeus controlavam a maior parte da atividade comercial local, mas era considerável o crescimento da participação dos argelinos nessa tarefa, acompanhando um desenvolvimento semelhante ao que ocorria em toda a região do Maghreb, composta por países do norte da África.

Por trezentos anos, desde o século XVI, o território argelino estivera sob domínio do Império Turco-Otomano, cuja hegemonia passou a ser gradualmente abalada pela concorrência das nações europeias, motivadas por interesses semelhantes. Após um período de comércio com Argel, capital e maior cidade da Argélia, os franceses, em 1827, com o pretexto de um desentendimento entre um representante consular e uma autoridade local, estabeleceram o bloqueio da costa mediterrânea. Três anos depois acabaram por invadir efetivamente o país.

Começava, dessa maneira, mais uma ocupação que uma colonização planejada. A França se preocupava principalmente em combater a pirataria na costa, o que seria levado a efeito com a tomada das cidades de Oran e Bona. Em 1834 teve início um levante islâmico que se prolongou durante os anos seguintes, o que acelerou a ocupação francesa. Nessa época já havia muitos colonos franceses nas cidades litorâneas argelinas.

No interior do país, o emir Abdel Kader, líder de uma federação de tribos, embora não possa ser caracterizado como um representante do nacionalismo da Argélia, conseguiu resistir e manter a independência de uma ampla região durante sete anos. Em 1847, quando já se transformava em lenda para os argelinos, as forças francesas conseguiram capturá-lo. No entanto, isso não significou o ponto final da resistência: a tradição libertária das tribos dos desertos e das montanhas a prolongaria até 1871, ano da última grande insurreição contra os invasores. A partir de então, as ordens religiosas, que tiveram importante papel na resistência, foram mais vigiadas pelos franceses, que apelaram para a repressão ao mesmo tempo que tentavam controlar os chefes mediante concessões principalmente econômicas.

Com a derrota da França na Guerra Franco-Prussiana de 1870-1871 e a queda de Napoleão III, o governo de ocupação na Argélia ficou bastante debilitado. Os colonos chegaram de fato a ocupar o poder, enquanto na parte leste do país as elites locais se revoltavam na tentativa de recuperar a considerável presença política e social que até então possuíam. Os aldeões se ergueram contra o poder dos colonos e a perda de terras. Sofreram durante um longo período, abalados pela profusão de doenças e pelas colheitas escassas, mas nada os fazia desistir de lutar pela independência de seu país, uma luta que se manifestava principalmente em termos religiosos. Em contrapartida, a violência colonial se impôs, acompanhada por multas e pelo confisco de terras, o que fez os nativos perder, nos distritos rebelados, cerca de 70% de suas propriedades. Por meio de vendas ou de concessão de terras pelo Estado francês, aumentou o domínio exercido pelos colonos.

Enfim, a ocupação militar consolidada deixou os franceses à vontade para acelerar a colonização efetiva, de povoamento. Os colonos europeus recebiam do governo da metrópole a propriedade de terras que eram expropriadas da população nativa. Por meio da Lei Warnier, o governo francês passou a regulamentar essa expropriação, entregando terras a imigrantes desde que estes se dispusessem a residir em definitivo na Argélia. Paralelamente a essa política oficial, muitos franceses decidiram comprar terras por conta própria. Perto do fim do século XIX, mais de um quarto do solo cultivado na Argélia pertencia a colonos estrangeiros, que se dedicaram a vários tipos de cultivo. Como os proprietários locais, suas colheitas se destinavam especialmente à exportação: trigo, frutas cítricas e, mais tarde, uvas. O restante da população argelina, a maioria desprovida de terras de produtividade razoável, plantava o suficiente para subsistir.

No começo da Primeira Guerra Mundial, já viviam no país mais de setecentos mil europeus e seus descendentes, na maior parte pessoas voltadas a atividades na pequena indústria, no comércio e na exploração da terra. Além de franceses, havia também imigrantes de origem italiana, espanhola e outros, radicados na Argélia desde as primeiras décadas da colonização sistemática.

Nesse período, a população de argelinos, em torno de cinco milhões de pessoas, foi arrastada no processo, passando a orbitar em torno do poder colonial, detentor do controle da vida política e econômica do país. Nas áreas de colonização mais intensa – não por coincidência, as de melhores terras –, os nativos eram pequenos proprietários, ou então trabalhavam para os colonos como assalariados. Nos centros urbanos eles sobreviviam como empregados, trabalhando em atividades artesanais e com os mais diversos expedientes.

A Argélia cumpria o modesto papel de complemento da economia francesa. Durante todo o período colonial funcionou, no país, uma indústria, ainda que incipiente, assentada, mais que tudo, na transformação de matérias-primas destinadas à exportação. As fábricas, vindas da metrópole, eram instaladas em bases significativamente mais lucrativas. A exportação de capital francês já transformava a colônia em um dos alvos preferidos para sua aplicação. Nessa dinâmica econômica, a paulatina modernização das atividades acabaria empurrando grandes contingentes de trabalhadores em direção aos principais centros urbanos, aumentando e barateando a oferta de mão de obra. Outro elemento provocador desse movimento populacional foi o acelerado crescimento demográfico.

Ao aumentar a capacidade e a qualidade industriais da Argélia, o interesse da França não era desenvolver o país, mas garantir a comercialização de seus produtos manufaturados. Na realidade, o governo francês preocupava-se em garantir o monopólio do mercado argelino. E por "mercado argelino" não se deve entender que os nativos eram os consumidores com que a metrópole contava. Esse nicho era ocupado pelos próprios colonos, que também vendiam produtos alimentícios e matérias-primas à metrópole. Portanto, a produção argelina era comercializada para abastecer o mercado metropolitano em detrimento da população local. O exemplo mais catastrófico dessa dinâmica foi o das plantações de cereais, principal alimento do povo argelino. Essas plantações foram gradualmente substituídas por vinícolas, que, pelo fato de ter sua produção bem recebida na Europa, tornaram-se prioridade para exportação.

Os colonialistas desestruturavam uma sociedade e operavam no sentido de construir outra, moldada em função de interesses próprios. Para tanto, contavam com apenas uma pequena parcela da população, enfrentando o descontentamento da maioria. Pela força das armas, a Argélia inseria-se no universo expansionista e colonialista do capitalismo europeu do início do século XX. Esse mesmo contexto, no entanto, explicaria o fortalecimento e o avanço do nacionalismo argelino. Paradoxalmente, o próprio colonialismo prepararia o palco para a entrada em cena de um novo personagem: a nação argelina organizada.

2. Nacionalismo, uma explosão

No começo, a administração colonial parecia tender a uma conciliação entre muçulmanos argelinos e franceses, ou pelo menos entre os muçulmanos que pertenciam a uma elite e que desde os primeiros contatos foram favorecidos pelos privilégios trazidos pela colonização. O preço dessa aliança seria a desestruturação irreversível da sociedade argelina.

A colonização progredia e aumentavam os esforços de assimilação da elite, que passava a solicitar mais espaços políticos para participar das decisões. Assim, em 1898 foi anunciada a promulgação da autonomia administrativa e financeira da colônia e a criação de uma Assembleia eleita, composta tanto por europeus quanto por muçulmanos. Na prática, tratava-se da criação, entre os portadores de cidadania francesa, das chamadas delegações financeiras, eleitas para cuidar desse assunto na colônia, e da consolidação do Conselho Superior da Argélia, cujos eleitos detinham o controle administrativo colonial.

O desenvolvimento capitalista da Argélia em função de interesses estrangeiros proporcionava o surgimento de novas camadas sociais, diversificando a composição da sociedade argelina: profissionais liberais, pequenos comerciantes e pequenos e médios agricultores. A administração colonial recorreria a esses grupos a fim de atenuar as primeiras tendências nacionalistas voltadas para a autonomia do país. Por sua vez, esses setores sociais contribuiriam com a formação de grupos nacionalistas e independentistas, grupos esses provenientes das principais faixas étnicas e/ou religiosas da sociedade argelina: árabes, franco-argelinos e berberes.

Precedentes para a explosão nacionalista que se seguiria não faltavam na história argelina. Como vimos anteriormente, o emir Abdel Kader, liderando o combate aos pioneiros colonialistas, resistira por duas décadas, chegando a manter de fato, por sete anos, uma região independente no oeste da Argélia. Durante todo o período de ocupação francesa, a resistência se fez sentir nas regiões montanhosas e nos desertos, onde árabes e berberes recusavam-se a qualquer tipo de submissão.

A França recorreu a todas as formas possíveis de domínio para se impor: por meio de leis, ou do exercício da força, ou mesmo uma combinação de ambas, como em 1880, quando o chamado Código dos Indígenas permitiu a aplicação de duras sanções a todos que infringissem as leis coloniais. Não raro, as penalidades eram aplicadas sem que houvesse qualquer tipo de processo de caráter legal.

A despeito do jugo colonial, a sociedade argelina diversificou-se bastante nas primeiras décadas do século XX, período de crescimento industrial em decorrência do surgimento de empresas mineradoras e da expansão da agricultura. As malhas rodoviária e ferroviária também se desenvolveram. A expropriação de terras e a abertura de frentes de trabalho nas cidades motivaram o aumento da população urbana, o que ocasionou o desenvolvimento das possibilidades econômicas de muitos argelinos – dentro dos limites da condição de colônia.

Em 1914, os imigrantes europeus – principalmente franceses, italianos e espanhóis – tinham acesso a cerca de um terço das terras cultivadas na colônia, um solo rico que produzia grãos ou possibilitava a plantação de uvas e a produção de vinho, cujo consumo a própria França valorizava. Os donos da terra viviam na prosperidade. Já os argelinos eram na grande maioria trabalhadores braçais em áreas menores de terra e com poucos recursos.

A população europeia no país aumentava, passando de duzentos mil em 1860 para 750 mil em 1911, o equivalente a 13% do total local. Os nativos eram agora 4,74 milhões de pessoas. Em cidades grandes como Argel e Oran, os europeus e seus descendentes chegavam a três quartos do número total de habitantes. Nessa época, a população muçulmana em favelas da região metropolitana de Argel chegava a quase cinco mil pessoas.

Em 1914, os europeus instalados em solo argelino controlavam o governo do país. Tinham representantes no Parlamento francês e importância política reconhecida em Paris. A maior parte das autoridades legais era francesa, incluindo os principais cargos. Os muçulmanos perdiam poder gradativamente para os conselhos municipais de maioria francesa e pagavam impostos mais altos que os colonos. A Justiça, monopolizada pelos franceses, tendia a favorecê-los. O número de argelinos com educação secundária ou superior era então de apenas dezenas ou centenas de pessoas.

Quando a Segunda Guerra Mundial começou a varrer a Europa, o império colonial francês possuía um total de 13 milhões de quilômetros quadrados, com territórios na América, na Ásia, na Oceania e na África, e mais de cem milhões de habitantes. Um quarto do comércio exterior da França era constituído pelo movimento das importações e exportações coloniais. A diversificação da sociedade argelina aumentara sensivelmente no período entreguerras, em que se intensificou a industrialização por conta das empresas de extração mineral e de beneficiamento agrícola. Construíram-se também mais rodovias e vias férreas.

Essa transformação permitiu que uma faixa de argelinos tivesse melhores condições econômicas. Estudantes conseguiam completar sua formação na metrópole e, uma vez ali, era inevitável que fossem influenciados pela efervescência de ideias, o que teria um papel de destaque no desenvolvimento da consciência nacionalista. Na verdade, as primeiras reivindicações nacionalistas se dirigiam à assimilação, oficialmente vigente desde Napoleão III, e à obtenção de direitos civis pelos muçulmanos. Tratava-se, ainda, de uma vertente diferente da exercida pelo nacionalismo independentista de marroquinos e tunisianos, povos também colonizados pelos franceses e que, com o fim da Segunda Guerra Mundial, aceleraram sua luta pela independência.

Na Tunísia, o advogado Habib Bourguiba queria combater o protetorado francês e dedicou-se à política em 1934, ao fundar o Partido Nova Constituição (Néo-Destour). O comando francês aprisionou-o mais de uma vez até que fosse libertado pelos alemães em 1942, mas Bourguiba buscou os franceses gaulistas a fim de reforçar a luta clandestina.

A França continuava dominante na colônia tunisiana e a presença de alemães e italianos contribuiria para a luta pela independência. Quando o Eixo abandonou a Tunísia em maio de 1943, o nacionalismo já se consolidara ali. O soberano da dinastia reinante foi destituído e Bourguiba deixou clandestinamente o país. No pós-guerra, frequentou os meios nacionalistas e intelectuais pan-arabistas no Cairo, mas se decepcionou em especial com a Liga Árabe. De volta do exílio, foi preso por convocar seus compatriotas a expandir a resistência. Mas em 1954 os franceses declararam não se opor à emancipação e, no ano seguinte, Bourguiba voltou triunfalmente para Túnis, capital da Tunísia, após o reconhecimento da autonomia do país pelo governo francês.

No caso do Marrocos, o nacionalismo se intensificava desde os anos 1930, com a ação de vários grupos. O Partido da Independência (Istiqlal) controlou uma federação sindical local e teve apoio do sultão Muhammad V para conseguir o fim do protetorado francês. A deposição do sultão pelos franceses contribuiu para o crescimento da luta armada em prol da unificação. As dificuldades vividas pela França na Indochina e na Argélia contribuiriam para a independência negociada em 1956 no Marrocos e na Tunísia.

Foi em Paris que estudantes do Maghreb fundaram, em 1926, a primeira organização política que tinha a independência como meta: a Estrela Norte-Africana (ENA). Nesse contexto, surgiram as primeiras organizações nacionalistas ou protonacionalistas argelinas. Messali Hadj, filho de um artesão e simpatizante da Revolução Russa, assumiu a direção da ENA, que, apesar de ter sido fundada por argelinos estabelecidos na França, se voltaria para a arregimentação de trabalhadores de todo o Maghreb.

Não demorou muito para a ENA ser dissolvida pela repressão francesa. Surgiria então em seguida, em 1935, a

União dos Muçulmanos Norte-Africanos (UMNA), organizada por Messali Hadj e posta na ilegalidade pouco tempo depois. O mesmo Messali ajudou a criar, dois anos mais tarde, o Partido do Povo Argelino (PPA). Ainda em 1937, realizou-se em Paris uma assembleia para a organização dos Amigos da Nação, cujo propósito era dar continuidade à ação da ENA. Messali Hadj estava entre os fundadores. A entidade Amigos da Nação seria o núcleo original do PPA, colocado desde o início sob a mira dos franceses, que planejavam sua dissolução.

Mais tarde, o PPA daria origem à Organização Especial (OS), espécie de entidade paramilitar organizada em células e que teria atuação decisiva no desencadeamento da luta armada, quando já escasseavam seus vínculos com o PPA. De início, ela se propunha a defender os interesses dos trabalhadores norte-africanos na França, mudando depois de orientação por conta da entrada de uma maioria de argelinos em suas fileiras.

Messali Hadj se tornaria referência na luta pela independência e pelo socialismo argelinos. Esteve ativo tanto na França como na Argélia na organização da luta para expulsar os colonizadores franceses de seu país.

O islamismo de vertente sunita, religião professada pela quase totalidade da população argelina, desempenharia um papel tão importante quanto o dos partidos políticos para a conservação e o avanço da consciência nacionalista. A evocação tradicionalista do passado islâmico, seus princípios morais e seus conceitos políticos eram um forte apelo a essa consciência. Em fins dos anos 1920, Ferhat Abbas, farmacêutico de uma família influente de Sétif, homem apaixonadamente dedicado à política, formou a Federação dos Muçulmanos Eleitos (FME), de tendência assimilacionista, que arregimentava muçulmanos portadores de cidadania francesa e que integravam a Assembleia local.

A Associação de Ulemás Argelinos,[1] fundada em 1931 pelo xeque Mohammed Ben Badis, importante líder religioso local, não postulava uma cisão radical em relação à França, mas

---

[1] "Ulemás" significa teólogos muçulmanos.

adotou um lema que ressaltava nitidamente a diferenciação, ao dizer que o islã era sua religião; o árabe, sua língua; e a Argélia, sua pátria.

Tal lema interpretava o mundo baseado no Alcorão, livro sagrado dos muçulmanos, e também seguia outros documentos básicos da fé, como a *sunna* – caminho, tradição –, que reúne as determinações sagradas do profeta Maomé, guia e legislador. A *sunna* faz com que os fiéis sigam determinadas normas quando se aplica a lei ou quando se crê na verdade. Ela contém os *hadith,* os ditos do Profeta, ensinamentos recolhidos de sua própria existência.

Ao lutar pelo fim das barreiras entre seitas religiosas e escolas, os argelinos criaram instituições não governamentais de ensino em árabe e trabalharam para a libertação das instituições islâmicas do controle do Estado francês. Os religiosos se envolveram na vida política do país com a exigência nacionalista de que os muçulmanos tivessem direitos iguais dentro do sistema francês sem ter de abrir mão de suas leis distintas e de sua moralidade social.

Organizações de inspiração nacional-religiosa tendiam a unificar os argelinos e agiam para constituir uma república associada à metrópole. Paralelamente, reforçavam a importância da personalidade nacional. A população muçulmana não era da França, não poderia ser da França e não queria ser da França, insistiam muitos líderes, como o xeque Mohammed Ben Badis. Entretanto, na Argel de 1939, comemoravam-se nas ruas os 150 anos da Revolução Francesa: jovens árabes desfilavam vestidos com o traje dos *sans-culottes* ou com uma coroa tricolor na testa.

Como ocorria em vários países do Oriente Médio desde fins do século XIX, o islamismo seria uma força de oposição ao imperialismo ocidental, mas contradições internas impediam a formulação de uma política coerente e livre de aspectos conflituosos. Um bom exemplo disso é o Projeto de Lei Blum-Violette, de 1937, surgido durante o governo da Frente Popular na França.

Essa lei propunha uma série de modificações em termos de direito público, aumentando a participação dos muçulmanos e conferindo-lhes cidadania. Porém, sua aprovação foi combatida em duas frentes: pelos colonialistas e pela corrente liderada por Messali Hadj e pelos ulemás mais tradicionalistas, que a rejeitaram por entendê-la pró-assimilacionista. Esse projeto de lei acabaria rejeitado pelo Senado francês.

O percurso que conduziria a uma ruptura com a França já começava a se delinear. Aos poucos as tendências federativas e assimilacionistas moderadas davam lugar a uma radicalização anticolonial. O PPA propunha a emancipação da Argélia por meios legais ("nem assimilação, nem separação, mas emancipação", dizia seu programa), sem que isso implicasse, no entanto, uma adequação às regras políticas estabelecidas pelo governo de Paris, regras essas que nunca satisfaziam a maior parte dos argelinos: em 1937, o voto era permitido no país a cerca de duzentos mil franceses e a apenas vinte mil muçulmanos.

Com seu crescimento, o PPA tornou-se rapidamente o partido mais importante, pelo menos na cidade de Argel. Seu fortalecimento já incomodava os responsáveis pela condução oficial da política colonial, que decidiram fechá-lo em 1939, depois que uma grande manifestação nacionalista percorreu as principais ruas de Argel reivindicando "Parlamento argelino, liberdade e respeito ao islã".

No mesmo ano foi posto na ilegalidade o Partido Comunista Argelino (PCA), menos consistente e organizado que o PPA mas bastante combativo, apesar de sua atuação incoerente e indefinida. Agindo em função das orientações do Partido Comunista Francês (PCF), o PCA, fundado no início dos anos 1930, tornou-se autônomo em 1936. O partido contou com a participação do escritor franco-argelino Albert Camus a partir de 1935, porém, o escritor não demoraria a criticá-lo por discordar de sua orientação diante do papel dos muçulmanos argelinos contra o colonialismo. Já perto da Segunda Guerra Mundial, Camus assumiria sua dissidência criticando o PCA também pelo apoio dado ao Exército francês na luta antifascista. Pressionado, acusado de trotskismo após ter-se aproximado do PPA, Camus acabou sendo afastado do partido em 1937.

Durante a Segunda Guerra Mundial, a França começa a perder o controle de importantes possessões ultramarinas, como Síria e Líbano, que exigiram a independência – fato que não demoraria a ocorrer na segunda metade dos anos 1940. Em torno da década de 1950, os franceses, diante de um nacionalismo fortalecido pelas armas, reconheceram a autonomia da Indochina, atual Vietnã. Paralelamente, territórios africanos ocupados pelos aliados durante a Segunda Guerra Mundial também se aproximavam da independência.

Como na Ásia e no Oriente Médio, esse período foi marcado na África negra pelo intenso anticolonialismo nacionalista de povos empenhados em assumir o controle de seus países por meio da autonomia em relação à Europa. Nas colônias francesas, com graus diversificados de violência, o comportamento rebelde se impôs. Os africanos optaram pela independência, apesar da tentativa política da França de integrá-los à chamada comunidade francesa. O primeiro país da África negra francesa a se tornar independente foi a Guiné, em 1958. Depois, já em 1960, vieram Mauritânia, Senegal, Costa do Marfim, Alto Volta (atual Burkina Faso), Níger, Camarões, Togo, Mali, Madagascar, Daomé (hoje Benin), Chade, República Centro-africana, Congo e Gabão.

Em 1946, a Argélia era uma colônia que pertencia à União Francesa e integrava, portanto, a República. Em seu território, no início da Segunda Guerra Mundial, a ação clandestina foi extremamente dificultada. O PPA, acuado, aliou-se à Associação dos Amigos do Manifesto e da Liberdade (AML), frente política liderada por Ferhat Abbas. Essa seria a primeira frente entre as de tendência nacionalista. Criada em 1944, sua denominação vinha do fato de Abbas ter sido um dos responsáveis pelo Manifesto do Povo Argelino, publicado em 1943, no qual 55 nacionalistas debatiam as propostas de assimilação e se mostravam abertos a uma confederação com a França. Após a publicação desse manifesto foram criadas, no ano seguinte, a União Democrática do Manifesto Argelino (UDMA) e a Associação Amigos do Manifesto e da Liberdade (AML).

Ainda em 1944 realizava-se a Conferência de Brazzaville, que reunia vinte governadores das colônias francesas e postulava uma maior integração destas à comunidade francesa, ressaltando a necessidade de uma participação representativa das colônias no Parlamento da França. Com a presença do general Charles de Gaulle, o objetivo principal da conferência era discutir os fundamentos que permitiriam englobar os países dos territórios da África negra em uma comunidade francesa.

Entre os argelinos, o descontentamento com a restrita capacidade de decisão de que dispunham aumentava. Pouca coisa se alteraria nesse aspecto se o governo francês se limitasse apenas a abolir certas limitações, ampliando o número de eleitores.

Assim, o general Charles de Gaulle chegou a Argel em 30 de maio de 1943 e em novembro do mesmo ano constituiu o Comitê Francês para a Libertação Nacional (CFLN), uma espécie de governo provisório do país não ocupado, e uma Assembleia Consultiva nomeada que só retornaria à França em agosto de 1944. Passando por cima da oposição de franco-argelinos, que atacavam sua "política de abandono", de Gaulle assinou ali, no ano seguinte, uma lei que permitia aos muçulmanos acesso a todos os postos de trabalho, civis e militares. Além disso, ampliou-lhes a representação nas assembleias locais e aboliu medidas de exceção.

No entanto, a AML se opôs à concessão de direitos civis a cerca de cinquenta mil muçulmanos. Em consequência, grupos radicais, fortalecidos pela formação da Liga dos Estados Árabes em abril de 1945 e pela vitória dos aliados na Segunda Guerra Mundial, se mobilizaram e organizaram manifestações pela independência. A violência desencadeada contra europeus provocou dezenas de mortes e a reação francesa levou à morte de milhares de argelinos.

Quando a França se rendeu aos alemães, Charles de Gaulle retirou-se para a Inglaterra e ali liderou a resistência clandestina francesa. Encarregou Jean Moulin de unificar a resistência no país e depois fundou, em Argel, com a ajuda de Henri Giraud, o

Comitê para Libertação Nacional. Giraud assumiria sob sua liderança o governo provisório, após os aliados entrarem em Paris.

Terminada a guerra, Charles de Gaulle restabeleceu a República na França e iniciou a reconstrução do país, empreendendo importantes reformas sociais. No entanto, insatisfeito com a Constituição da Quarta República (1946), demitiu-se do cargo de chefe de Estado, voltando ao poder mais tarde, em 1958, quando criou uma nova Carta Magna, que lhe conferia amplas prerrogativas como chefe de Estado, e elegeu-se presidente. Nesse momento deu continuidade a uma política – já em andamento – de descolonização do continente africano, inclusive considerando o aumento da crise na Argélia.

A tomada de consciência em relação às decisões sobre o destino da Argélia pelos próprios argelinos aumentava o número dos que desejavam, conforme reivindicava a AML, uma nação onde se formasse uma república autônoma federada em vez de uma república francesa renovada. Uma fórmula conciliadora que o colonialismo francês relutou em adotar e que só resultaria, ao que tudo indicava, em adiamento do confronto que já se delineava.

3. O IMPASSE DAS VIAS LEGAIS

Durante a Segunda Guerra Mundial, a luta contra o domínio francês na Argélia seria intensificada com a articulação de movimentos que começavam a considerar a independência incondicional uma alternativa viável diante da resistência colonialista às modificações, inclusive às exigências que não postulavam mais que um restrito aumento de participação dos nativos e algumas reformas.

A situação econômica, desfavorável à população muçulmana argelina, contribuía para isso. No setor agrícola, as diferenças eram mais nítidas: cerca de um século antes, os colonos dispunham de 11.500 hectares de terras cultivadas; já durante a guerra, eram donos de mais de dois milhões de hectares. Disparidades como essa acentuavam sensivelmente as tensões entre argelinos e colonos.

As primeiras reações populares caracterizavam-se pela violência, mas quase sempre eram isoladas, desprovidas de qualquer formulação ideológica. Esta seria concebida somente por lideranças locais mais esclarecidas: políticos e intelectuais descontentes com o papel que o governo francês lhes reservava e com a progressiva deterioração do nível de vida da população local.

O processo argelino de autonomia demonstraria que as lideranças voltadas para projetos conciliadores acabariam sendo ultrapassadas por grupos mais preocupados com soluções que abrangessem todos os argelinos e que, em um projeto revolucionário, lutassem pela independência incondicional do país.

Durante a Segunda Guerra Mundial, os argelinos combateram lado a lado com as tropas francesas. Mais de mil deles perderam a vida para as forças nazistas. Nacionalistas convictos como Ferhat Abbas, Ahmed Ben Bella e outros participaram diretamente do conflito, alistando-se no Exército. Ben Bella lutou pela França como primeiro-sargento, chegando a ser condecorado por seu valor em confrontos ocorridos na Itália.

A partir de 1946, Ahmed Ben Bella lançou-se no movimento pela independência da Argélia, organizando grupos armados. Nesse momento, Messali Hadj ainda procurava manter uma postura de inconformismo anticolonial, recusando-se veementemente ao engajamento dizendo que a África do Norte não estava ligada à França por qualquer sentimento além do ódio criado por cem anos de colonização.

Predominava até então a ideia de que ao término do conflito mundial seria implantada na Argélia uma república federada que colocaria fim ao regime colonialista, conforme promessas feitas pelo comando militar da França Livre. O próprio Charles de Gaulle alimentara tais esperanças ao afirmar que a libertação francesa traria consigo, automaticamente, a independência argelina.

Porém, essas esperanças duraram pouco. Logo que a guerra acabou, por ocasião da libertação da França em maio de 1945, foram realizadas grandes manifestações na Argélia, da mesma forma que na metrópole. Em Sétif, a leste de Argel – e também em Guelma –, os nacionalistas transformaram tais manifestações em demonstrações de protesto e passeatas pela libertação argelina. Faixas, cartazes e bandeiras foram levados às ruas, com a população gritando palavras nacionalistas de ordem. O evento, a princípio pacífico, foi interrompido pela intervenção inesperada do Exército francês, reforçado pela participação de soldados senegaleses. A comemoração transformou-se em tragédia assim que as forças francesas abriram fogo contra a multidão, provocando inúmeras mortes. A permissão de abater os nativos nas ruas foi estendida também aos colonos, aliados à Legião Estrangeira no saque e no assassinato.

O ódio, abastecido pelo medo dos colonos, tornou-se incontrolável a sublevação armada e os argelinos revidaram o massacre atacando alguns centros de colonização. Uma sequência de levantes atingiu várias localidades. Somente em Sétif, onde o fim da Segunda Guerra Mundial coincidira com escassez de alimentos e consequente fome crônica, foram mortos mais de cem europeus.

As forças francesas, tendo à frente o general Duval, deram em seguida um sinal do que a Argélia passaria a enfrentar em um futuro próximo. Soldados franceses, legionários senegaleses e milicianos coloniais arrasaram aldeias inteiras e fizeram milhares de mortos entre os camponeses. Sobre o episódio, o célebre escritor argelino Kateb Yacine registrou que seu humanitarismo foi posto à prova pela primeira vez pelo mais atroz dos espetáculos, consolidando então seu nacionalismo. Segundo ele, além da alienação econômica e política, por exemplo, a negação de tudo o que lhe haviam ensinado acabou por abrir-lhe os olhos.

Os conflitos em Sétif e em Guelma, com o massacre de aldeias inteiras pelas forças francesas, ajudaram em grande parte a abrir o caminho para a luta armada. Apesar de argelinos em grande número terem ido lutar na Europa e no próprio norte africano diante da perspectiva de independência de seu país, e apesar da perda de milhares de homens e da ajuda prestada na libertação da França ocupada pelo nazismo, a metrópole não abriu mão do domínio colonial na Argélia.

Tudo evoluía em direção a uma aberta polarização e à autonomia completa da Argélia. Mesmo as alternativas estabelecidas em seguida pela Constituição francesa de 1946 não alteravam de forma importante a relação entre colônia e metrópole. Definia-se o direito a cargos públicos e direitos civis como extensivo a todos os habitantes do país; no entanto, não se alterava a relação política: os governadores-gerais continuavam nomeados pelo poder central metropolitano e submetidos a ele.

A Constituição francesa dava direito de representação às colônias por meio de um colégio eleitoral duplo, formado por colonos e muçulmanos. Dessa forma, para concorrer às eleições realizadas em 1946, Ferhat Abbas criou a já citada UDMA, cujos objetivos eram disputar espaços políticos e eleger o maior número possível de representantes no Parlamento francês.

Seus integrantes faziam parte, principalmente, de um setor do país chamado "evoluído", composto por muitos membros da elite muçulmana (profissionais liberais, líderes religiosos e comunitários etc.).

Nesse momento, no entanto, a organização empenhada de uma maneira mais efetiva na luta pela libertação da Argélia era o PPA, que sobrevivia na clandestinidade e cujo amparo legal era proporcionado pelo Movimento pelo Triunfo das Liberdades Democráticas (MTLD). Ainda durante a Segunda Guerra Mundial, Ferhat Abbas, caracterizado como socialdemocrata argelino, se tornou comunista e juntou-se a Messali Hadj na AML. Em 1946, logo depois do encerramento do conflito mundial, ambos criariam o MTLD, que posteriormente sucumbiria a divisões internas provocadas pelo confronto entre a orientação ao mesmo tempo moderada e personalista de Hadj e o impulso nacionalista mais avançado de outras tendências dentro do movimento, que falavam da independência e da retirada incondicional das tropas francesas da Argélia.

Em setembro de 1947, após muitas discussões, foi promulgado o Estatuto da Argélia, que gerou imensa polêmica. O documento não foi visto com simpatia pelos colonos e não encontrou respaldo nem mesmo entre forças em princípio progressistas, caso dos comunistas franceses. Estes, que evitavam qualquer política que levasse à discussão de formas de autonomia argelina, recusaram o estatuto, considerando que "a independência da Argélia seria uma consolidação das bases do imperialismo". Referiam-se a um eventual apoio norte-americano aos que eram tidos como inimigos da França. Também setores muçulmanos conservadores opuseram-se a esse Estatuto, sempre temendo o assimilacionismo.

A dependência política não era abordada pelo Estatuto, que estabelecia uma administração local autônoma com representação parlamentar na França, onde as decisões continuariam a ser tomadas. A Argélia seria administrada por um governador-geral e por uma Assembleia eleita por um colégio eleitoral composto por igual número de representantes muçulmanos e franceses na Assembleia e no Senado franceses. Mesmo proporcionando uma relativa autonomia administrativa e financeira, o Estatuto da Argélia foi boicotado de todas as formas, o que o impediu de ser aplicado na prática.

Outras tentativas legais de participação da população nativa na administração argelina também eram bloqueadas pela ação dos colonialistas. Um exemplo eloquente foi dado em 1948, quando eleições para a escolha de representantes argelinos foram fraudadas. Vários jornais nacionalistas foram fechados e a repressão se abateu sobre militantes patriotas. Dos 59 candidatos que o MTLD apresentara para a eleição, 32 foram detidos.

Nessas mesmas eleições, os franceses utilizaram-se de táticas nada democráticas para impedir que candidatos pró-independência chegassem ao poder. Por trás do discurso democrático escondia-se a face real da opressão colonial: assim que emergiram os candidatos do MTLD, os franceses não hesitaram em prender a maioria deles. Além disso, confiscaram jornais, proibiram reuniões públicas, incumbiram a polícia de presidir as eleições em algumas localidades, não fizeram a distribuição de títulos eleitorais em muitas regiões e, em outras, abriram as urnas antes do término da votação. Tudo com o apoio da Força Aérea, que efetuava voos rasantes sobre as aldeias para assustar e advertir a população, e do Exército, que se valeu das metralhadoras como instrumentos convincentes de propaganda eleitoral, chegando a fazer vítimas entre os eleitores.

Após a Segunda Guerra Mundial, a disputa pela posse da terra agravou-se: aumentou a resistência das populações nativas às concessões feitas pelo governo francês, que deu aos colonos o direito de se estabelecer nas melhores terras; e milhares de famílias berberes que não possuíam terras foram reduzidas à miséria e obrigadas a trocar o campo pela cidade, o que agravou os problemas nas áreas metropolitanas, fazendo com que um décimo da população urbana se visse obrigada a recorrer a quaisquer alternativas viáveis para sobreviver.

Em 1950, os franceses de Argel representavam cerca de 60% da população da cidade, também caracterizada pela existência de grupos comunitários em bairros diferenciados: cristãos europeus, muçulmanos, judeus europeus e judeus argelinos instalados no país muitos séculos antes da conquista francesa. Também foi em Argel, com a efervescente presença francesa ao longo de um século, que iriam conviver outros grupos provenientes da Europa: espanhóis, portugueses, turcos, italianos e gregos.

Por conta da desigual política francesa de distribuição de terras, uma grande leva de migrantes rurais se instalou na periferia de Argel no início dos anos 1950, aí vivendo nas condições mais precárias. Nesse processo, abalaram-se os padrões culturais tradicionais, o que levou o campesinato ali instalado a uma posição rebaixada dentro da sociedade argelina: os migrantes estavam à procura de qualquer trabalho e tentavam se adaptar às novas condições de vida. Na cidade, os argelinos expropriados de suas terras teriam acesso a outras faces da política e a uma nova organização social e de produção.

Aos poucos, o centro das lutas políticas se deslocava do campo para a cidade, permitindo que em Argel se elaborassem novas estratégias políticas e que os militantes independentistas crescessem em número, contribuindo para o aumento da violência. Os camponeses argelinos instalados na cidade, na sua totalidade muçulmanos, passaram a concorrer com os assalariados europeus, o que levou à formação de um grande exército de reserva, intensificando a tensão entre as duas comunidades.

O mesmo cenário eleitoral de 1948 seria reeditado nas eleições de 1951, mas a essa altura os grupos mais radicais do MTLD (entre eles sempre os militantes do PPA) já gestavam uma mudança radical: preparava-se a estrutura política e paramilitar necessária para deflagrar uma insurreição armada e, para tanto, formou-se a já mencionada OS. Todas as alternativas políticas pelas vias legais naufragaram. A frustração crescia e não arrefeceu nem mesmo quando, dois anos depois, os nacionalistas obtiveram alguns bons resultados eleitorais. Aprofundava-se igualmente a cisão entre os legalistas (Messali Hadj entre eles) e os que propunham uma ruptura definitiva com as vias político-eleitorais.

O rompimento foi acelerado pela OS, que criticava a política moderada de Messali Hadj (também acusado de estimular um "culto à personalidade"), que decidiu dar, em junho de 1954, um passo decisivo: formou o Comitê Revolucionário de Unidade e Ação (CRUA) na cidade do Cairo. Os fundadores seriam chamados de "os nove chefes históricos" da revolução: os "externos" (Ahmed Ben Bella, Ait Ahmed e Mohammed Kiddere), que operariam a partir do exterior, especialmente do Egito, onde depois contariam com o apoio de Gamal Abdel Nasser; e os "internos", cujo campo de ação seria o próprio território argelino (Mustafa Ben Boulaid, Murad Didouche, Larbi Ben M'Hidi, Mohammed Boudiaf, Rabah Bitat, Belkacem Karim). De todas essas personalidades, Ben Bella é quem passaria a ter seu nome perpetuado como herói e símbolo da Revolução da Argélia, tendo sido transformado até em uma espécie de ícone. Em 10 de outubro de 1954 anunciava-se no Cairo a constituição da já citada FLN, expressão política do Exército de Libertação Nacional (ELN).

Mohammed Boudiaf foi o escolhido para dirigir o levante armado. Funcionário público desde o fim de seus estudos, ingressou no Exército francês durante a Segunda Guerra Mundial. Depois dos massacres de Sétif e Guelma em 1945, aderiu aos movimentos nacionalistas argelinos e afiliou-se ao PPA, tornando-se membro da OS.

Em fins de 1947, Mohammed Boudiaf foi encarregado de organizar uma célula da OS na província de Constantine, que deu origem a um núcleo de militantes que participaria da luta armada a partir de 1º de novembro de 1954. Para os argelinos, essa data passou a ser conhecida como o ponto de partida dos acontecimentos que abririam os caminhos para sua independência do governo francês.

Em 20 de agosto de 1955 deu-se a ofensiva generalizada contra as posições do Exército colonial. Um ano depois ocorreu o Congresso de Soummam, quando foram criados o Conselho Nacional da Revolução Argelina (CNRA), órgão de direção política do movimento, e o Comitê de Coordenação e Execução

(CCE). Decidiu-se nesse momento estender maciçamente a ação dos guerrilheiros às cidades argelinas, onde o movimento recebia cada vez mais adesões. Esse notável avanço foi atribuído, entre outros militantes, a Abane Ramdane, um importante líder, morto mais tarde em condições misteriosas. Nesse momento ampliou-se o raio de ação da FLN por conta do aumento do número de adesões de origem urbana ao movimento de libertação nacional: cristãos e muçulmanos progressistas, intelectuais liberais e comunistas. Os acontecimentos de 1957 – a greve dos oito dias, o início da batalha de Argel e a batalha das fronteiras – acentuaram a mobilização em prol da independência da Argélia, sempre em busca de uma unificação das forças vivas nacionalistas contra as forças de ocupação: a União Geral dos Trabalhadores Argelinos (UGTA), seguida pelo empenho dos estudantes na luta, além da criação da União Geral dos Comerciantes Argelinos (UGCA) e da formação da Federação da França dentro da FLN, responsável pelas operações militares em território francês.

Como consequência do amadurecimento do movimento anticolonial argelino, surgiram antagonismos e divisões nas fileiras nacionalistas: o MTLD acabou se dividindo em uma facção inspirada pelas propostas de unidade e independência norte-africanas de Messali Hadj e em outra antimessalista, o que enfraqueceu a organização na luta pela independência. Isso levaria os veteranos da OS tanto na Argélia como no Cairo, os "nove chefes históricos", a firmar um acordo em 1954, por meio do qual renunciaram às rivalidades anteriores.

O ELN era formado por três tipos de tropas com táticas diferentes: os *mudjahidin* (guerreiros, em árabe) eram soldados convencionais, uniformizados e integrados às unidades do ELN; os *mussebilin* dedicavam-se a operações de terrorismo e de sabotagem das linhas de comunicação e das estradas, além de ser responsáveis pelo transporte de armas e de feridos e pelo serviço de informação; os *fedayin* (em árabe, "aqueles que se sacrificam") eram responsáveis pelos atentados pessoais e pelas sabotagens urbanas, explosões e incêndios.

Na organização de suas ações, a FLN dividiu a Argélia em seis zonas, cada uma comandada por um chefe militar. Mais tarde essa instituição se transformaria no embrião de uma dinâmica organização político-administrativa destinada a substituir gradualmente a administração colonial. O ELN contava com pouco mais de quinhentos combatentes no início de suas operações em 1955 e a metade desse número em armas. No auge da guerra, suas tropas chegaram a contar com mais de cem mil homens.

Ideias políticas incorporadas a partir do movimento revolucionário internacional, ainda que filtradas pela ótica nacionalista, influenciaram a formação de muitos combatentes argelinos. Textos como *A estratégia da guerra revolucionária*, de Mao Tsé-Tung; *O que fazer?*, de Lênin; ou *Princípios do leninismo*, de Stálin, foram incorporados à bagagem de vários grupos de militantes.

Dirigentes da OS constituíram núcleos do ELN, proporcionando uma instrução política e militar nas condições mais desfavoráveis e perigosas. De fato, o aprendizado dos militantes que compunham os comandos dos grupos de choque e de sabotagem do ELN seria feito no dia a dia da luta armada. Os combatentes estavam profundamente ligados à população, para não dizer que faziam parte dela, contando, desse modo, com facilidades de camuflagem e de mobilização, o que tornava sua repressão extremamente problemática para as forças coloniais.

A Guerra da Argélia comprovaria a eficiência de uma ampla luta popular desencadeada por um partido revolucionário solidamente ligado às camadas populares (os combatentes de origem camponesa sempre foram esmagadoramente majoritários dentro do ELN). Desse modo, a organização e as conquistas militares que se seguiram não podiam deixar de repercutir e influenciar movimentos de esquerda armada em muitas regiões do mundo, incluindo a América Latina, pois comprovavam a viabilidade da união entre uma vanguarda preparada politicamente e forças armadas populares, ambas empenhadas na luta pela conquista do poder.

O ELN lutava pela libertação progressiva de áreas do país onde, após a lenta supressão da presença colonialista, era implantada uma rede de controle por parte dos guerrilheiros, que preparavam a substituição das autoridades coloniais, administrando desde cada quarteirão das cidades que caíam nas mãos dos militantes até cada vila camponesa.

Os vínculos solidamente populares do ELN lhe possibilitaram a cobertura e o apoio necessários para a guerra, que se refletiam em atentados a prédios públicos e delegacias de polícia, bem como na execução de agentes do governo colonial e de espiões – e, mais tarde, na guerra total pela independência. Essas raízes, que fizeram do ELN um autêntico Exército popular, o povo em armas, respondem pelo extraordinário respeito e admiração que cercariam o Exército argelino até os primeiros anos do século XXI.

Uma grande população, desprovida de recursos ou de alternativas, e que habitava regiões montanhosas e campos, era uma fonte inesgotável de guerrilheiros. Portanto, ao adotar uma política que colocava a maior parte dos habitantes argelinos à margem de atividades dignas e produtivas, o colonialismo acabou por contribuir para a criação do cenário que conduziria à sua eliminação.

Nas cidades, crescia o número dos que não conseguiam encaixar-se satisfatoriamente no sistema produtivo colonial. A política de confisco de terras fazia com que, já no início dos anos 1950, um terço das terras cultiváveis de todo o país estivesse em mãos de colonos europeus. Mesmo assim, o relativo crescimento econômico dos anos 1940 levaria à expansão de obras de irrigação em grande escala nos campos, da mesma forma como acontecia em todo o Maghreb.

O nacionalismo argelino se mostrava cada vez mais convencido de que a via legal de emancipação estava esgotada, ou melhor, nunca tivera espaço para se desenvolver por causa da violenta repressão francesa. A França, com sua tão propalada defesa dos ideais revolucionários do século XVIII, mostrou que, quando se tratava de colonialismo, a democracia tornava-se somente um discurso pouco consistente, um encobrimento dos mecanismos encarregados de manipular as relações entre colonizados e colonizadores. A Argélia pertencia à França, mas não lhe era permitido partilhar do sistema democrático e liberal francês.

Com as constantes ações por parte do ELN, que incluíam terrorismo e sabotagem, a repressão aumentou. Chegaram à Argélia tropas de elite francesas, como as unidades de paraquedistas, que também se utilizavam de terrorismo, além de tortura sistemática e de massacres. É importante lembrar que 1954 também foi o ano da derrota francesa em Dien Bien Phu, na Indochina, um golpe poderoso no colonialismo francês.

No ano seguinte, a FLN participou da Conferência de Bandung, em que cerca de trinta representantes de países afro-asiáticos defenderam seu direito à autodeterminação e exigiram o fim do colonialismo. Nessa ocasião, o presidente egípcio, Gamal Abdel Nasser, chamou a atenção em nome do pan-arabismo para a necessidade da participação organizada dos países árabes que desejavam se manifestar de todas as maneiras contra o imperialismo e o colonialismo. Obteve a partir de então o apoio de quase todos esses países e também se aproximou do bloco comunista com a finalidade de obter armamentos e ajuda para o desenvolvimento industrial do Egito.

A luta armada tinha crescido na exata proporção em que o regime colonial manifestava sua incapacidade de renunciar pacificamente ao sistema então vigente de exploração das terras da Argélia. Durante nove anos, as reivindicações dos partidos legais esbarraram no silêncio francês. No contexto intelectual de ambos os lados, o momento gerava imprevistos de toda ordem. No período que se seguiu ao fim da Segunda Guerra Mundial, a tortura era muito utilizada na Argélia como forma de controlar os militantes do movimento de independência.

Esse quadro foi motivo, inclusive, de tensão entre Jean-Paul Sartre e Albert Camus, porque este era a favor de uma "Argélia francesa". Analistas da época consideravam Camus, de certa maneira e em última instância, partidário dos paraquedistas franceses, os famosos *paras*, que na Argélia recorriam a todos os recursos de violência contra os argelinos que lutavam pela independência.

Jean-Paul Sartre e Albert Camus conheceram-se em 1943, como membros da Resistência Francesa. Em 1951, Camus publicou *O homem revoltado*, ensaio que abalou a esquerda francesa, gerou polêmicas e provocou seu distanciamento intelectual e político de Sartre. Tratava-se de uma brilhante e literariamente bem articulada exposição da ideia de revolução ao longo da Era Contemporânea, inclusive com reparos aos acontecimentos decorrentes da Revolução Francesa; um ensaio histórico sobre a revolta inerente à própria condição humana.

Nas páginas desse livro, Albert Camus expôs o conceito de revolução através dos séculos. Suas críticas não pouparam a própria tradição revolucionária francesa nem a russa. Camus refletiu sobre o significado do "homem rebelde" e sobre as razões de sua revolta; mostrou também de que forma uma revolta vai, do ponto de vista histórico e ao longo do tempo, desligando-se de suas raízes. Ele se propunha compreender de que forma o espírito da revolta podia redundar em violência, terror e mentira, como acontecera com o socialismo soviético, o qual, em nome de uma sociedade sem classes, oprimira e aniquilara seus seguidores.

Um dos alvos de Albert Camus era a legitimação da violência por intelectuais de esquerda que se alinhavam aos comunistas quando informações sobre os expurgos stalinistas começavam a se tornar conhecidas. Camus, na verdade, não demonstrava estar renunciando ao socialismo, mas se aproximando da forma socialdemocrata sueca, ou de um trabalhismo adaptado na França. Uma resenha negativa de *O homem revoltado* assinada por Francis Jeanson, por sinal julgado mais tarde em virtude de seu apoio à luta dos nacionalistas argelinos, foi publicada na revista *Les Temps Modernes*, dirigida por Jean-Paul Sartre e que funcionava como plataforma para a defesa da filosofia existencialista e dos ideais socialistas.

Albert Camus escreveu uma carta ao jornal – hostil como a crítica feita a seu livro – endereçada propositadamente "ao editor", sem nomear o amigo de Jean-Paul Sartre, o que caracterizava sua intenção de acusar o filósofo de orquestrador de uma campanha de difamação. Camus endereçava uma carta irônica e violenta ao diretor de *Les Temps Modernes*, afirmando estar cansado de ver velhos militantes que nunca recusaram nenhuma das lutas de seu tempo receber lições de eficácia por parte de censores que nunca colocaram nada além de suas poltronas no sentido da história. Tratava-se de uma alusão ao fato de Sartre ter sido visto dormindo no teatro Comédie Française no dia da Libertação de Paris, ao fim da Segunda Guerra Mundial. Sartre escreveu uma resposta ainda mais extensa e agressiva, de trinta páginas, que não perdoava *O homem revoltado* de Camus e o colocava no arquivo das inutilidades.

O desacerto de Albert Camus com o socialismo milenarista, com os apocalípticos que viam sinais da crise derradeira do capitalismo em cada detalhe apontado, vinha de mais longe, desde o fim da Segunda Guerra Mundial. Ainda que fosse um dos homens-chave de *Combat*, jornal da Resistência que chegara a vender trezentos mil exemplares apesar das difíceis condições de vida em uma França ocupada, o autor de *A peste* considerava, no fim do conflito, que a Resistência não desembocaria na revolução socialista ambicionada por muitos militantes de esquerda.

Albert Camus acreditava, na verdade, em uma democracia que impusesse novos relacionamentos sociais e humanos. No entanto, não pensava em nada dirigido pelos comunistas, além de condenar o terrorismo e valorizar o livre-arbítrio. Tempos antes, em um editorial para o próprio *Combat* registrara que, diante das perspectivas terríveis que se abriam para a humanidade, percebia-se cada vez mais a paz como o único combate que valia a pena. Para Camus, isso não era uma oração, mas uma ordem que devia subir dos povos para os governos: a ordem de escolher de uma vez por todas entre o inferno e a razão.

Albert Camus achava que Jean-Paul Sartre não podia se engajar na defesa de regimes totalitários como o da União Soviética, que assumiam a violência política. Por sua vez, Sartre considerava que Camus não passava de um anticomunista defensor do regime colonialista francês na Argélia. Sartre condenara os métodos de tortura usados pelas tropas francesas de ocupação durante a Guerra da Argélia, e justificara o terrorismo árabe utilizado contra o colonizador. Camus criticava a violência de ambos – a do colonizador e a do colonizado – e os moderados de esquerda o apoiaram, pois, para estes, os radicais eram obcecados pela violência. Sartre ressaltava seu apoio à luta pela independência argelina e Camus defendia que a Argélia não precisava obrigatoriamente se afastar da presença francesa para ter autonomia.

Jean-Paul Sartre personalizava o intelectual dedicado a "decifrar o presente e buscar um sentido para a história". Segundo ele, a função do escritor em sintonia com sua época era contribuir para as mudanças necessárias; portanto, Albert Camus não tinha o direito de escrever um livro que influenciasse os que lutavam se ele próprio, Camus, não estava disposto a participar da luta, decretou Sartre.

Jean-Paul Sartre levou a noção de engajamento ao máximo, dizendo que não se tratava mais de exigir do romancista ou do filósofo que, à margem de sua obra, escrevesse artigos políticos ou assinasse petições. Sartre valorizava o homem revolucionário que lutava convicto mesmo diante da possibilidade de cometer erros ou excessos. Para ele, toda literatura, mesmo a de ficção, é "utilitária"; toda literatura é engajada. Tal postura possibilitou uma cultura do engajamento dentro e fora da França: nas décadas seguintes, suas posições sobre arte, literatura e compromisso político, bem como sua oposição ao colonialismo, influenciaram intelectuais de várias partes do mundo.

4. A FLN ASSUME O COMANDO

A influência francesa no cotidiano de Argel não era visível apenas na arquitetura colonial. Nas praças dos diversos bairros da cidade argelina, bem como por todo o país, as igrejas ficavam sempre defronte à prefeitura e à escola, onde se afixava a máxima republicana *Liberté, Egalité, Fraternité*. Em Paris, a elite se interessava pelas obras de romancistas ou por livros de reflexão política; comentava as artes plásticas da metrópole; sentia-se atraída pelo teatro francês; e, claro, por personalidades como Albert Camus.

O período colonial transformara o perfil de cidade tradicional de Argel por meio da implantação e da conservação da cidade nova. A Argel construída em moldes franceses tornou-se uma cidade grande em virtude da constante expansão. Seu peso na vida econômica colonial refletiu-se no papel do porto, por onde transitavam mercadorias vindas do exterior ou enviadas para o interior do país. A cidade, centro de poder político da Argélia comercial, era também sede das sociedades industriais e financeiras mais importantes.

Em 1954, Argel era a principal praça para o comércio de vinhos, cereais, fumo, produtos primários, couro e peles, tecidos e madeira, e a indústria local empregava mais de vinte mil operários. Apenas na cidade, excluídos os subúrbios, as favelas abrigavam oitenta mil muçulmanos que viviam em condições precárias. No Casbah, bairro antigo e superpovoado, acumulava--se a alta densidade de setenta mil pessoas.

Nessa época o prefeito era Jacques Chevalier, um esquerdista interessado no diálogo entre as comunidades, pois sabia que todas as desigualdades sociais então existentes poderiam provocar movimentos em favor da independência do país. Uma das principais figuras europeias em Argel, a trajetória de Chevalier ilustra essa particularidade da sociedade argelina, caracterizada pela separação entre as comunidades, atormentada por uma desigualdade jurídica que oprimia a população desde o início da conquista e vivendo em um ambiente marcado por contradição e incerteza.

Em 1953, Jacques Chevalier indicou o arquiteto Fernand Pouillon para projetar três bairros destinados a abrigar os eleitores muçulmanos e nomeou como seu assistente adjunto Abderrhaman Kiouane, líder da frente dirigida por Messali Hadj. Pouco depois, foi chamado por Pierre Mendès France, presidente do Conselho de Ministros, para assumir a função de secretário de Estado junto às Forças Armadas, e foi nessa função que Chevalier se viu obrigado a tomar as primeiras medidas quando explodiu a insurreição argelina em 1º de novembro de 1954.

Nessa época a cidade de Argel, apesar da aparente calma, estava tensa. Refletia-se nela a participação de Pierre Mendès France na autonomia da Tunísia, o que inquietava a população europeia mas parecia tranquilizar os mais liberais. Desigualdades de toda espécie eram muito grandes naquele momento: a Argélia tinha 922 mil europeus e 7.860.000 muçulmanos, e um quinto destes vivia nas zonas urbanas; além disso, trezentas mil pessoas haviam emigrado nos últimos anos, principalmente para a França. Na nova Assembleia argelina, metade dos delegados era eleita por um primeiro colégio eleitoral, formado por 464 eleitores franceses e por 58 mil argelinos muçulmanos; a outra metade era formada por um segundo colégio, composta por 1.300.000 argelinos muçulmanos.

A cidade de Argel possuía 315 mil habitantes. Apesar de não ser considerada capital, era sede de uma província (*willaya*) importante, com 2,8 milhões de habitantes no total. Na Argélia, todos sabiam que Alger[1] não podia ser relegada ao rol das

---

[1] Apelidada de Alger, a Branca (*Alger, la Blanche*) por conta da admirável visão que se tem, do mar, do branco resplandecente dos edifícios ao longo da orla da cidade.

cidades francesas mais banais. Na prática era uma capital, não apenas por seu papel econômico, mas também por sua majestade e beleza. Até o outono de 1954, a imprensa argelina – com exceção de *L'Alger Republicain* – apresentava aos leitores, a cada manhã, o retrato de uma Argélia tranquila e pacífica. Porém, em 2 de novembro desse mesmo ano, em vez das cerimônias tradicionais do feriado de Todos os Santos, o que os argelinos leram em primeira mão, estupefatos, no *L'Echo d'Alger*, foi esta manchete: "Uma série de atentados terroristas foi cometida simultaneamente em diversos pontos da Argélia".

Uma sequência de dezenas de ações armadas marcaria o início da guerra da independência na noite de 31 de outubro para 1º de novembro de 1954. Uma base militar francesa, localizada na região montanhosa de Aurés, foi um dos alvos iniciais mais importantes. A reação foi impiedosa, e os choques e atentados se alastraram. A FLN emitiu um comunicado anunciando que dava por iniciada oficialmente a luta revolucionária pela liquidação total do sistema colonial na Argélia e pela independência do país, a fim de restaurar o Estado argelino.

Em 2 de novembro, três batalhões de paraquedistas desembarcaram em Oran: como parte de uma força de elite de destaque na Indochina, seus integrantes faziam de si uma imagem de defensores da civilização ocidental contra o assalto de indivíduos que classificavam como bárbaros. Sua ação em combate seria uma das marcas registradas dessa guerra, o mesmo podendo ser afirmado sobre a Legião Estrangeira: todos tinham um excelente preparo militar, o que não excluía o uso de recursos como terrorismo, tortura e massacres frequentes.

François Mitterrand, na época ministro do Interior da França, deixou suas palavras registradas, com a guerra já iniciada, ao dizer que a Argélia era a França e esta não se negociava. Porém, a essa altura, as negociações políticas passavam momentaneamente para segundo plano, uma vez que as negociações feitas por Mitterrand no sentido de uma política de integração foram incapazes de atenuar o ciclo da violência. Começava assim uma das mais sangrentas guerras do século XX.

Sem conseguir deter a rebelião que já se estendia a outras regiões da colônia, o governo francês passava a atrair para seu terreno, o das negociações, os grupos nacionalistas moderados, uma tarefa condenada ao fracasso, pois esses grupos perdiam influência junto às massas argelinas. Aos poucos, a guerra aprofundava o abismo entre essas massas e os colonialistas.

Mostrava-se intensa, a essa altura, a propaganda desenvolvida pelos rebeldes, que transformaram Cairo, no Egito, em seu centro de irradiação para os países árabes e para o restante do mundo. A FLN também começou a desenvolver gestões para levar o caso argelino à Organização das Nações Unidas (ONU), enquanto crescia o apoio mundial e aumentavam as pressões sobre o governo francês, colocado em um contexto internacional extremamente desfavorável. Além de tudo isso, 1954 também foi o ano de uma humilhante retirada militar francesa da Indochina.

Apesar de as estruturas do império colonial francês estarem irremediavelmente abaladas, o governo de Paris não pretendia abrir mão de sua colônia, buscando até mesmo isolar o caso argelino, situando-o em várias ocasiões como assunto interno da França, posição que insistiria em manter até o fim do conflito.

Alguns meses após o início das hostilidades, Ferhat Abbas anunciava sua adesão à FLN. Messali Hadj preferiu, confirmando seu personalismo e sua aversão por uma direção colegiada, criar em Paris, em 1954, o Movimento Nacional Argelino (MNA). No entanto, o nacionalismo da FLN trataria esse grupo como rival, ofuscando-o por todos os meios possíveis nos anos seguintes. Hadj, em consequência, acabaria por passar ao isolamento político e, posteriormente, ao exílio.

O descontentamento entre a população argelina atingia um nível tal antes do início do conflito que obrigou um líder de tendência moderada como Ferhat Abbas a declarar, em 1953, não haver mais qualquer solução a não ser por meio das metralhadoras. Do lado colonialista, Jacques Soustelle, nomeado em 1955 governador-geral da Argélia, fazia sua síntese da situação, já com a insurreição deflagrada, ao afirmar que a explosão demográfica em um país essencialmente agrário, de solo pobre e clima ingrato, resultava no subemprego crônico, no abandono dos campos pelas favelas, na miséria e no desespero de uma multidão crescente de indivíduos e de famílias.

Assim, ao mesmo tempo que o subproletariado aumentava e se exasperava cada dia mais, uma pequena burguesia muçulmana procurava, sem encontrar, uma saída não apenas econômica, mas sobretudo administrativa e política. A proporção de muçulmanos na administração do país continuava insignificante. Todas as reformas, como o projeto Blum-Violette, que propunha cidadania plena aos argelinos que se sacrificaram pela França durante a Segunda Guerra Mundial, foram rejeitadas ou sabotadas, e a maioria das promessas dos colonizadores não foi cumprida, enquanto outras foram violadas abertamente, como ocorreu de 1948 até as últimas eleições cantonais pela liberdade de sufrágio.

No plano internacional, a solidariedade do chamado Terceiro Mundo passou a ter uma importância decisiva, acentuada pela Conferência Afro-Asiática de Bandung, ocorrida em 1955, que enfatizava a necessidade de manutenção da soberania nacional e do exercício da autodeterminação dos povos. Essa conferência não se preocupou com definições teóricas de afro-asiatismo, evitando igualmente análises mais elaboradas sobre imperialismo, colonialismo ou neocolonialismo. Naquele momento, era mais premente destacar a autodeterminação dos povos, a independência, o fim do racismo e da dominação colonialista.

A FLN enviou para a Conferência Afro-Asiática de Bandung dois representantes encarregados de atuar como observadores, mas a importância de tal fato aos olhos dos argelinos pode ser notada com mais nitidez nas palavras de Mohammed Yazid, que mais tarde seria ministro da Informação do Governo Provisório da República Argelina (GPRA). Em 1965, Yazid proclamou que Bandung fez nascer um movimento irreversível de onde saíram um espírito, uma solidariedade e uma vontade de ação que desordenaram as posições imperialistas e colonialistas na Ásia e na África. Para ele, Bandung acelerou as lutas de libertação nacional, que, em dez anos, subverteram o mapa político do mundo.

Após Bandung, o colonialismo francês procurou delinear uma política de integração por meio da qual manifestava reconhecer a originalidade étnica, linguística e religiosa da Argélia. Era a resposta a uma tendência forte de reativação do passado nacional e de valorização da cultura tradicional, tendência que tomava corpo com a radicalização do confronto entre colônia e metrópole. Porém, tratava-se de uma política condenada ao fracasso, pois não contava com o estímulo da FLN, mais preocupada com o próprio fortalecimento militar e político para se colocar em condições de negociar em pé de igualdade com a França.

Em agosto de 1956 a FLN realizou seu importante congresso clandestino do Vale do Soummam. Dois meses após esse congresso, os franceses sequestraram um avião comercial marroquino que viajava de Rabat, no Marrocos, para Túnis, na Tunísia, conduzindo Ahmed Ben Bella e outros líderes da FLN ao exterior. As autoridades francesas conseguiram deter Ben Bella, que permaneceria preso até a trégua de 1962. Na verdade, todos ficariam detidos até o fim da guerra, que prosseguiria em ritmo acelerado, especialmente depois do sucesso da convocação para uma greve geral em Argel logo após o sequestro.

Entre os detidos na operação francesa estava Mohammed Boudiaf, que em 1952 trabalhara na França pelo partido, militando no MTLD. Em março de 1954, de volta à Argélia, foi um dos fundadores do CRUA. Também fez parte do "grupo dos 22" como combatente na guerra de independência.

Depois de capturado pelo Exército francês no avião que o levava do Marrocos à Tunísia, Mohammed Boudiaf dirigiu da prisão a Federação de Farmácia da FLN, sendo nomeado em 1958 ministro do Governo Provisório da República Argelina e, em 1961, vice-presidente da Argélia. Permaneceu preso até o reconhecimento da independência pela França, em 1962, quando fundou o Partido da Revolução Socialista (PRS). Ao entrar em choque com Ahmed Ben Bella, acabou preso e condenado à morte pela FLN, o que o obrigou em 1964 a se exilar na Europa e depois no Marrocos.

A valiosa ajuda dos países vizinhos recém-independentes da França (Marrocos e Tunísia) provocou reações de vários tipos. Os colonialistas fecharam boa parte da fronteira da Argélia com a Tunísia, por onde entravam suprimentos e reforços militares ao longo de extensas fortificações e de cercas eletrificadas. Uma aldeia tunisiana chegou a ser bombardeada por causa do apoio dado aos rebeldes argelinos.

No entanto, para a FLN, o fundamental apoio internacional tinha outros aspectos. Por vezes ele se apresentava de forma a provocar desagrado entre os próprios simpatizantes: por exemplo, quando, em 1956, o presidente egípcio Gamal Abdel Nasser passou a dar considerável apoio oficial à luta argelina, grande parte da esquerda francesa tentou influenciar os trabalhadores argelinos para que cedessem em suas posições nacionalistas e religiosas e permanecessem unidos ao movimento dos trabalhadores franceses na luta política por conquistas mais significativas.

De fato, o movimento dos trabalhadores argelinos dependia de Paris em termos político-administrativos, afinal, a União Geral Sindicalista Argelina era submissa às orientações das centrais operárias francesas. O mesmo ocorria em relação aos partidos esquerdistas: o PCA, fiel ao PCF, criticou a "linha terrorista" quando a FLN optou pela luta armada e, assim como o PCF, condicionava a independência argelina a uma eventual revolução proletária na França.

O que assumia caráter de terrorismo puro e simples para os comunistas franceses apresentava-se para os argelinos como a única forma de lutar por uma liberdade que lhe vinha sendo negada há mais de um século. A violência, na verdade, fora introduzida já nas origens da colonização, sendo parte dela de várias formas. Estilhaçando o sistema de propriedade da terra então vigente, o colonialismo atingiria também a personalidade nacional argelina, desestruturando as relações comunitárias em que o religioso, o político, o familiar e o econômico formavam uma unidade coesa e coerente, de acordo com as tradições características do islamismo.

Soluções negociadas tornavam-se inviáveis e cristalizava-se o fracasso da política de assimilação, evidenciado já no fim da Segunda Guerra Mundial e vislumbrado até mesmo pelos que não desejavam o confronto armado. Albert Camus escreveu que antes da escalada militar chegara a ser interpelado por um líder nacionalista argelino, que lhe dissera que os piores inimigos não eram os franceses colonialistas, mas os franceses como o próprio Camus, pois os colonialistas davam uma ideia revoltante, mas verdadeira, da França, enquanto Camus dava uma ideia enganadora porque conciliadora, capaz de enfraquecer a vontade de lutar, e, por isso, mais prejudicial. Camus não teve argumentos convincentes para responder.

Tal acusação feita contra Albert Camus estendia-se a todos os liberais e esquerdistas que se esforçavam para que houvesse um entendimento entre os argelinos e o governo francês. O impasse estava consumado e pareciam fechados todos os caminhos que não passassem pela violência. A convivência de culturas tão diferentes provocara em Camus um embate pessoal e conflituoso que não deixaria de se refletir em sua obra, principalmente quando aborda a questão argelina.

Ademais, os esforços conciliadores esbarravam no fortalecimento progressivo da FLN. E a esse fortalecimento interno somava-se o apoio externo. Na própria França, amplos setores indignavam-se com o caráter que a guerra estava assumindo. A morte de milhares de jovens soldados chocava a opinião pública. E a política de destruição sistemática provocava manifestações de repulsa.

5. A FORÇA DAS ARTES E DO PENSAMENTO

Se François Mitterrand proclamava que "a Argélia é a França", recebia de ambos os lados a resposta de que na verdade não se tratava da França inteira. A FLN contava com simpatizantes na metrópole, onde também operava, evidentemente. Mais da metade do auxílio material e financeiro recebido pelos rebeldes argelinos provinha da França, onde era grande o engajamento a favor de sua independência. Um dos mais importantes organizadores do auxílio aos argelinos foi Francis Jeanson, que, com Jean-Paul Sartre, fazia parte do grupo da revista *Les Temps Modernes*.

O grupo ligado à revista estimulou constantemente a veiculação de denúncias sobre vários aspectos da Guerra da Argélia, entre eles a violência indiscriminada de que lançavam mão os colonialistas, em especial o recurso constante da tortura. As críticas não excluíam sequer os principais jornais franceses, acusados de omissão diante dos problemas cruciais que a guerra colocava para a França. A divulgação das posições do grupo era feita por meio de manifestações públicas, abaixo-assinados, debates, publicação de artigos e entrevistas. A revista também prestigiou a divulgação de autores que dissecavam as estruturas de exploração colonial, destacando suas consequências sob todos os aspectos, até mesmo sob o aspecto psicológico.

Em 1957, Sartre prefaciou um livro de Albert Memmi que provocou nova polêmica nos meios intelectuais franceses: *Retrato do colonizado precedido do retrato do colonizador*. Nesse texto, analisavam-se as relações básicas entre franceses colonialistas e argelinos colonizados. O autor chamava a atenção para a ideia de que o colonialismo se impunha pela anulação da personalidade do colonizado, sendo a revolta deste, em todos os aspectos, a única forma possível de afirmação. Memmi fazia eco às palavras registradas por Sartre sobre o impasse das relações entre metrópole e colônia quando dizia que os colonizados não possuíam mais nada, não eram mais ninguém; que a metrópole liquidara toda a civilização dos colonizados, recusando-lhes a dela.

O racismo e a xenofobia sofridos pelos colonizados são, para Albert Memmi, resultados da mistificação geral construída pelo colonialismo. Memmi nasceu na Tunísia, em uma família de origem judaica. Seu idioma era o árabe. Foi educado nas escolas francesas e estudou na Universidade de Argel e na Sorbonne. Assim, vivenciava três culturas diferentes: era um judeu que falava árabe e que foi criado no contexto cultural do Maghreb, porém educado pelos franceses. Além de ser um escritor respeitado por suas obras literárias, Memmi foi professor da Carnot High School, em Túnis. Ao se propor a combater o aniquilamento socioeconômico e cultural do colonizado, situou-se entre os principais representantes de um pensamento africano dirigido contra as características geradas pelo colonialismo e o papel por estas assumido diante de um universo autóctone sempre colocado contra a parede.

Porém, nesse sentido, o impacto maior seria provocado pela obra do negro Frantz Fanon, martinicano de nascimento e de ascendência africana. Jean-Paul Sartre também prefaciou um livro de Fanon, *Os condenados da Terra*, enfatizando que, desde Friedrich Engels, Fanon era o primeiro a submeter a uma nova luz a parteira da história: a violência. Assim, Fanon passaria a ser visto como uma espécie de profeta da violência anticolonialista.

Frantz Fanon estudou medicina na França, formando-se em Lyon. Estudou também filosofia; frequentou cursos de Jean Lacroix e Maurice Merleau-Ponty; debruçou-se principalmente sobre os pensamentos de Friedrich Hegel, Karl Marx, Vladimir Lênin, Søren Kierkegaard, Edmund Husserl, Martin Heidegger e Jean-Paul Sartre; e aprofundou-se no conceito de alienação desenvolvido por Hegel e Marx. Terminados os estudos, foi trabalhar na Argélia como médico-chefe da Clínica de Blida-

-Joinville, onde teve contato com a realidade concreta da colônia e engajou-se na luta pela independência, naturalizando-se argelino. Em 1952 escreveu *Pele negra, máscaras brancas*, um de seus trabalhos de maior repercussão.

Após afiliar-se à FLN argelina, Frantz Fanon chegou a atuar como representante do Governo Provisório em vários encontros entre países africanos e do Terceiro Mundo. Em 1961 descobriu que estava com leucemia e escreveu, em dez meses, *Os condenados da Terra*. Faleceu no mesmo ano.

Em *Os condenados da Terra* Frantz Fanon aborda o problema da violência (legítima, a seu ver) do colonizado contra o colonizador e analisa o papel da tortura como arma destruidora do que resta de personalidade nacional no colonizado. A tortura surge como elemento de uma relação em que o colonizador procura anular a dignidade do outro, impondo-lhe a vestimenta de um ser humano inferior. Evidentemente, o racismo seria corolário dessa postura. Para o europeu da Argélia, ser homem era primeiro ser superior ao muçulmano, registrou Jean-Paul Sartre.

Para Frantz Fanon, a violência se justificava como única forma de alterar radicalmente toda essa situação. Considerava inevitável a libertação dos povos colonizados e que o processo argelino, por sua característica e pela violência, teria peso decisivo no futuro processo de libertação africana. Entendia a independência como ponto final de uma imposição que não era somente política, mas também cultural.

A perspectiva de Frantz Fanon era revolucionária porque encarava a violência também como revolucionária, e via no campesinato o agente dessa transformação, pois considerava que, apesar de posto sistematicamente de lado pela propaganda da maior parte dos partidos nacionalistas, apenas o campesinato era revolucionário nos países coloniais. O camponês era o explorado que mais depressa descobria que só a violência compensa, e para quem não havia compromisso, não havia possibilidade de arranjo.

Refletindo sobre essa situação e suas origens, Sartre recorda que, na desconfiança inspirada pelos trabalhadores aos dirigentes da FLN, se identifica a influência de Frantz Fanon. Em uma tese de perfil maoísta e que não demoraria a ser adaptada por muitos políticos progressistas, Fanon sustentava que nos territórios coloniais o proletariado era o núcleo do povo colonizado mais privilegiado pelo regime colonial e, por isso, somente o campesinato era revolucionário.

Frantz Fanon não poupava em sua postura crítica os democratas e os esquerdistas franceses que conceituavam como colonialismo o que ele enxergava apenas como pura conquista e ocupação militar. Considerava o termo colonialismo, criado pelo opressor, muito afetuoso e emocional, reduzindo, dessa forma, um problema nacional a um plano psicológico. O conceito europeu simplificaria a realidade, criando ainda um mito, o da Argélia francesa. Aos olhos de Fanon, todo francês residente na Argélia era responsável, direta ou indiretamente, pela opressão, o que justificava qualquer ato de violência por parte do oprimido. A violência em busca da unidade nacional e da libertação era a única forma, para ele, de fazer frente à violência desagregadora do colonizador.

A obra de Frantz Fanon insere-se no contexto das independências africanas e no chamado terceiro-mundismo, tendo exercido considerável influência sobre movimentos negros radicais dos Estados Unidos, principalmente sobre movimentos anticoloniais.

O cotidiano real da Guerra da Argélia parecia exigir as propostas contidas na militância de Frantz Fanon. Entre janeiro e setembro de 1957, a FLN recebeu um duro golpe: em um episódio conhecido como "batalha de Argel", uma sucessão alucinante de choques armados e atentados sacudiu a capital argelina. Nessa ocasião, a base de apoio dos rebeldes ficava em Casbah, antigo bairro árabe da cidade. Após usar todos os recursos de combate à guerrilha urbana, os paraquedistas franceses anunciaram a liquidação da rede montada pelos rebeldes em Argel e coordenada por Yacef Saadi.

Enquanto os europeus se mostravam traumatizados com a série de atentados de violência extraordinária, a população árabe viveu uma orgia de prisões arbitrárias, explosões, execuções sumárias e torturas. Naqueles meses de 1957, os paraquedistas franceses pareciam dispostos a demonstrar que estavam na Argélia para vencer por quaisquer meios a guerra perdida na Indochina.

O episódio da "batalha de Argel" deu origem, ainda nos anos 1960, a um importante filme político ítalo-argelino de mesmo nome, em que o diretor italiano Gillo Pontecorvo contou com a participação do próprio Yacef Saadi, da FLN, como produtor associado. No filme *A batalha de Argel* (1965), nota-se que o batismo de fogo de Ali La Pointe, protagonista da história, inscreve-se nesse momento de violência. Ele é obrigado a matar um policial francês para provar que não é espião. Frantz Fanon anotara que a violência, dessa maneira, era compreendida como mediação régia. O homem colonizado libertava-se na e pela violência. E essa práxis iluminava o agente porque lhe indicava os meios e o fim.

Quando foi exibido pela primeira vez, o filme chamou a atenção do público e da crítica por sua forma híbrida: uma obra de ficção, com atores amadores, mas que parecia um documentário. E, assim, prestava-se ao que pretendia ser: um veículo de propaganda da luta dos argelinos pela descolonização. O filme mostra também aspectos da luta anticolonial urbana na Argélia, suas táticas e ideias. Nele, alguns comunicados da FLN são citados, como o que determina pena de morte para traficantes, cafetões e viciados em drogas do Casbah. *A batalha de Argel* ganhou prêmios significativos de cinema, como o Leão de Ouro no Festival de Veneza (1966), e passaria a ser considerado um dos filmes políticos mais importantes do século XX. Apresenta também aspectos da crise política pós-independência, pois, como foi rodado na época do governo de Houari Boumedienne, não faz nenhuma referência direta a Ahmed Ben Bella.

O filme de Gillo Pontecorvo trazia à tona vários elementos importantes que fizeram parte da luta pela independência argelina: o ódio racial do francês contra o árabe; as diferenças gritantes entre a "cidade europeia" e o bairro do Casbah; a tortura aplicada pelos franceses; e os atentados terroristas da FLN. O que não fica explícito são as ligações da FLN urbana com o campo, já que a luta originou-se na zona rural e depois atingiu a cidade. Em alguns momentos, fica claro que o filme se passa em 1965, ano da queda do primeiro presidente argelino, Ahmed Ben Bella, e de sua substituição pelo coronel Boumedienne, também homem da FLN, um militante dedicado formado em literatura pela Universidade do Cairo. A certa altura do filme, o protagonista Ali La Pointe conversa com o líder Ben M'Hidi, que profere algumas palavras sobre ser mais difícil continuar uma revolução que começá-la. Ben M'Hidi complementa dizendo que, quando a guerra acabasse, começariam realmente os tempos difíceis, em uma alusão clara às dificuldades do período pós-independência.

Tamanha é a riqueza do filme que, além de comunicados oficiais da FLN, em alguns trechos são expostas as táticas e as estruturas de funcionamento dos setores urbanos desse grupo. A ação repressiva e humilhante dos paraquedistas franceses, recorrendo a métodos "pouco convencionais", como explodir militantes dentro de seus esconderijos, também é ressaltada. Vale lembrar que esses militares estavam com bastante raiva dos "povos inferiores", pois, como haviam sido derrotados em Dien Bien Phu, na Indochina, precisavam voltar-se para a Argélia, por isso há uma cena no filme em que o coronel Mathieu diz à imprensa: "Se a França quer continuar na Argélia, que se aceitem as consequências!".

O espectador acaba convencido de que o que se passa na tela não é uma obra de ficção, mas um bem-sucedido registro factual. Essa eficiência é reforçada por um objetivo confesso: denunciar o imperialismo colonial europeu e contribuir para a causa da independência dos argelinos. Gillo Pontecorvo mostra na tela o ponto crucial em que intransigências pelo controle das mentes e corações dos habitantes mais pobres de Argel geram o terrorismo, e quando este leva ao sacrifício de inocentes de todos os lados, sem se preocupar com a disseminação do pânico.

Em virtude da conduta vacilante do governo francês, as organizações armadas colonialistas passariam a acumular cada vez mais poder à custa da força que conseguiam na repressão ao movimento rebelde. Essas organizações, ou pelo menos parte delas, como a dos paraquedistas, tornaram-se cada vez mais ameaçadoras, por conta do choque entre seu interesse em manter completo domínio sobre a Argélia e as propostas de negociação vindas de parte das autoridades de Paris.

Após a "batalha de Argel", a luta se intensificou nas montanhas e nos campos. Concretizavam-se, assim, as palavras de Frantz Fanon, quando dizia que todo francês da Argélia era um soldado inimigo. Logo após a anunciada liquidação dos rebeldes na capital, Charles de Gaulle divulgava o plano de Constantine, que, programado para os cinco anos seguintes, previa o desenvolvimento acelerado da Argélia no âmbito socioeconômico: mais terras, inclusive devolução das propriedades confiscadas; mais habitações; maior número de empregos; salários equivalentes aos da França; e mais escolas em todos os níveis. Desde o primeiro ano, os resultados do plano já se apresentaram consideráveis, mas não o suficiente para alterar sensivelmente o rumo dos acontecimentos.

O confronto a essa altura já se tornava irreversível. Refletindo a consciência dos que consideravam a inviabilidade de propostas definidas por uma negociação racional e conciliadora, em 1958 Albert Camus optou por silenciar-se definitivamente a respeito da questão argelina. E justificava tal postura dizendo que, se podia compreender e admirar o combatente pela libertação, só sentia tristeza diante do assassínio de mulheres e crianças, e continuava a condenar o assassinato de civis e inocentes.

Nome destacado no contexto político da guerra de independência, isso não impedia Albert Camus de continuar cada vez mais prestigiado graças ao seu trabalho na ficção, no ensaio e no teatro, destacando-se *O estrangeiro*, considerado um dos mais importantes romances do século XX. Romancista mais jovem a receber até então o Nobel de Literatura, Camus o aceitou com orgulho em 1957 e foi criticado por Jean-Paul Sartre, que recusaria o mesmo prêmio mais tarde, em 1964, classificando-o como "um instrumento da Guerra Fria".

Com a implantação da FLN nos meios urbanos, cresceu a heterogeneidade no movimento: cristãos e muçulmanos, progressistas, intelectuais liberais e comunistas aderiam à luta. Havia também alguns dirigentes nacionalistas e anticomunistas da FLN bastante sectários em relação aos comunistas. Isso explica um trágico incidente ocorrido na época: a execução, por dirigentes nacionalistas da FLN, de um dos membros do comitê central do PCA, importante combatente que participara das Brigadas Internacionais na Espanha, e de seu companheiro, assim que chegaram às montanhas da Argélia. O motivo foi a recusa de ambos a assinar um papel no qual estava escrito que os comunistas eram traidores, que não eram verdadeiros argelinos. Ao responder que não assinariam um documento com esse caráter contra o Partido Comunista, foram degolados pelos nacionalistas, que pareciam ter forte receio da influência do Partido Comunista no decorrer da luta pela independência argelina.

A solidariedade de países como Egito, Marrocos e Tunísia com a FLN crescia. No entanto, enquanto Gamal Abdel Nasser apoiava diretamente a independência argelina, o PCA, seguindo as diretrizes do PCF, criticava as ações da FLN, principalmente o terrorismo, o nacionalismo e os aspectos religiosos do movimento. Por sua vez, Nasser desenvolvia uma política contraditória em relação aos comunistas no Egito.

Em setembro de 1958 foi proclamado, no Cairo, o Governo Provisório da República Argelina. Recém-formado, foi centralizado em Túnis, e seu primeiro presidente foi Ferhat Abbas, obtendo o reconhecimento da China Popular. Seguiram-se imediatamente também os reconhecimentos por parte de Tunísia, Marrocos, Iêmen, República Árabe Unida, Iraque, Sudão, Indonésia e Líbia.

A atitude dos franceses, sempre recorrendo a extremos de violência em sua tentativa de repressão, levava cada vez mais militantes para a FLN. As torturas, as humilhações permanentes e os infames "reagrupamentos" (ver próximo capítulo) mostravam a face crua do colonialismo, sem nenhuma maquiagem ou véu ideológico que lhe escondesse a postura. Em 1960 ocorreram manifestações gigantescas pela independência da Argélia e que provocaram confrontos nas ruas de Argel, onde soldados franceses não hesitaram em abrir fogo contra civis desarmados.

Em fins dos anos 1950, um documento – apoiado por intelectuais como Jean-Paul Sartre e Gabriel Marcel – repercutiu entre os franceses: escrito na prisão em Argel por Henri Alleg – que fora diretor do jornal *Alger Républicain* –, recebeu o título de *La question*. O texto levou à opinião pública da França, de forma inédita, o tema da tortura praticada pelos soldados franceses em terras argelinas. Foi o suficiente para que Sartre, ao apresentá-lo, elaborasse um paralelo entre a tortura francesa e as torturas nazistas. "Questão" era o nome atribuído à tortura pelos paraquedistas franceses. E mais que isso, entre os vários métodos utilizados por esse grupo, havia o de jogar prisioneiros ainda vivos de helicópteros em pleno voo, além de outras formas de fazer pessoas desaparecerem.

La question viria a ser, sem dúvida, um texto importante da literatura política ocidental, pois seu relato é despido de enfeites melodramáticos: apenas narra o essencial da opção feita para a manutenção do poder colonial e a crueldade sem limites a que pode chegar o ser humano integrante da engrenagem repressora do colonialismo e do imperialismo.

Entre os torturadores nazistas da Gestapo, os franceses da Argélia e os norte-americanos no Vietnã, as diferenças se mostram insignificantes. Uma mesma degradação humana, produto do capitalismo e de seu domínio social, provocou a tortura e o assassinato de centenas de milhares de argelinos, submetidos a torturadores que não tinham qualquer preocupação em respeitar o semelhante.

Durante o confronto entre argelinos e franceses foram criados campos de concentração que aprisionaram mais de trinta mil pessoas. Havia vários tipos de campos: por exemplo, alguns onde toda rigidez era destinada aos que fossem feitos prisioneiros com armas na mão e nesses haveria mortos, torturados, desaparecidos. E havia outros tipos de campos, que funcionavam como uma espécie de "vitrine" para receber as comissões e mostrar que "os prisioneiros comem e dormem bem", "não gritam" etc. El Biar era um dos campos de repressão e tortura, enquanto Lodi era uma das vitrines.

Além de método utilizado para arrancar confissões, a tortura seria denunciada como recurso para manter o controle do colonizado. Trata-se de uma abordagem trabalhada sobre o aspecto psicológico da guerra argelina. A revelação da tortura sistemática praticada por cristãos, representantes privilegiados do que se convencionava chamar civilização ocidental, teve grande repercussão na França. A esse respeito, Jean-Paul Sartre escreveu que a tortura não era civil nem militar, nem especificamente francesa, mas uma lepra que devastava toda a época.

O povo argelino, sob o estandarte da FLN, permaneceria à frente das instituições da Revolução Argelina, do CCE, do CNRA, formados no Congresso de Soummam, e do GPRA, formado em 1958 em Túnis.

Esse povo enfrentou situações como: estado de sítio em um território com legionários, soldados das forças locais e efetivos do pacto da Organização do Tratado do Atlântico Norte (OTAN); multiplicação das zonas interditadas; tortura disseminada pelos paraquedistas do general Massu; prisões em massa e massacres de civis; bombardeios com napalm; destruição de aldeias; tentativas de separar as populações do Maghreb; radicalização das operações de guerra com a chegada ao poder do general Charles de Gaulle; entrada em cena da OAS; e tentativa de amputação do Saara argelino.

6. A INDEPENDÊNCIA AO ALCANCE DAS MÃOS

A crise argelina alcançou uma dimensão que acabou por transformá-la em nervo exposto da crise da própria Quarta República francesa. Em 13 de maio de 1958, militares franceses contrários às negociações em pé de igualdade entre França e FLN ocuparam Argel e chegaram inclusive a ameaçar Paris com o envio de unidades de paraquedistas. A essa altura havia cerca de meio milhão de homens armados baseados na colônia, um número que chegaria a dobrar nos anos seguintes.

Ainda em 1958, a fim de controlar o movimento de luta pela independência da Argélia, foi eleito novamente para o governo francês o general Charles de Gaulle. A situação criada obrigou a adoção de uma nova Constituição, que atribuía maiores poderes ao Executivo. Tinha início, portanto, a Quinta República, com tentativas públicas de negociar um acordo com a FLN, que se mantinha focada no objetivo de alcançar a independência completa. A organização contava com um sólido amparo internacional: era apoiada por países do bloco socialista e por muitas nações do Terceiro Mundo.

A tendência, manifestada por Charles de Gaulle, de implicitamente aceitar nas negociações a possibilidade de uma autodeterminação argelina, foi vista como uma provocação e um favorecimento dos interesses colonialistas, apesar das propostas de uma espécie de "paz dos bravos" que exigia a rendição incondicional dos combatentes e levaria à concessão de uma anistia. De Gaulle admitia a autodeterminação, mas não dava alternativas: a Argélia deveria permanecer associada à França. A política do general encontrava forte oposição tanto entre a FLN quanto entre europeus colonialistas.

A União Francesa seria substituída pela Comunidade Francesa, em uma tentativa de transformar os chamados Territórios de Ultramar em Estados associados. No caso da Argélia, ela continuaria a fazer parte da República, embora com certa autonomia legislativa e administrativa.

Soluções pacíficas pareciam cada vez menos prováveis. Continuavam os bombardeios a aldeias, plantações e a todo local que pudesse oferecer abrigo a combatentes. Qualquer muçulmano era visto como um suspeito em potencial, o que levou à adoção da "política de reagrupamento": os habitantes dos campos e das montanhas eram reunidos em grandes áreas cercadas, a fim de facilitar o controle militar. Calcula-se em cerca de três milhões o número de pessoas que ocuparam essas áreas entre 1958 e 1962.

A aberta atitude de desafio dos militares direitistas obrigou Charles de Gaulle a destituir do cargo o general Massu, dos paraquedistas, decisão que culminaria na sangrenta "semana das barricadas", em janeiro de 1960, nas ruas de Argel. A partir desse momento, a política de de Gaulle se orientaria no sentido de manter sua autoridade sobre o Exército, enquanto demonstrava a intenção de discutir com os representantes da FLN, evidenciando certa evolução quando passava a falar de uma "Argélia argelina". A resposta colonialista viria com o anúncio da formação da Frente da Argélia Francesa, que, monitorada – e patrocinada – pelo Exército francês, se propunha a combater quem pretendesse uma autonomia.

No fim de 1960, com cerca de cinquenta mil combatentes em suas fileiras, a FLN mostrava seu grau de resistência manifestando a todas as nações seu desejo de liberdade e sua reivindicação fundamental: a independência da Argélia. Rejeitava a "paz dos bravos" e todas as soluções parciais. Contra um exército de aproximadamente 450 mil soldados, a batalha se mostrava ganha. O Maghreb e a África já tinham se beneficiado da dinâmica e das consequências internacionais do 1º de novembro de 1954.

Em janeiro de 1961, Charles de Gaulle convocava um referendo de consulta ao povo francês a respeito do destino das relações entre França e Argélia. O resultado o fortaleceria quando das negociações com a FLN, pois 75% do eleitorado francês era favorável à autodeterminação argelina. Uma tentativa de golpe de Estado contra de Gaulle por uma facção dentro do Exército acabaria sendo dominada. O cerco em torno do colonialismo se fortalecia e mostravam-se mais desesperadas e agressivas as reações dos que pretendiam mantê-lo. A atitude dos grupos contrários a qualquer forma de autonomia ilustra bem esse aspecto. Visando impedir o prosseguimento dos entendimentos entre Paris e a FLN, quatro generais – Jouhaud, Challe, Salan e Zeller – comandaram um golpe a partir de Argel, em abril de 1961, com o apoio de forças paramilitares e dos paraquedistas. A sustentação que esperavam alcançar no conjunto das forças colonialistas não ocorreu, pois a maior parte das Forças Armadas se manifestou contrária ao golpe, fazendo-o fracassar.

Na clandestinidade, o fracasso se refletiria com o início das operações da Organização do Exército Secreto (OES), concentrada em malograr as tentativas de negociar a paz. As ações militares dessa organização revitalizaram o ciclo da violência, prolongando-a. Os atentados terroristas protagonizados pelo grupo não pouparam sequer Paris, cujo governo os ultras desafiavam abertamente, acusando as autoridades de capitulacionismo.

Apesar da oposição, os termos da autodeterminação passaram a ser discutidos pelo governo francês e o GPRA. Os primeiros contatos para as negociações foram feitos em abril de 1961 em Evian e se estenderiam por quase um ano. Um certo otimismo se difundiu entre os argelinos quando Charles de Gaulle passou a se referir a "um Estado argelino soberano". Vários fatores, entretanto, dificultaram o entendimento, enquanto a luta continuava em um clima que, entre a população civil europeia da Argélia, beirava o pânico e assumia os contornos de uma verdadeira "caça aos árabes" movida por colonialistas mais empedernidos, que não aceitavam as eventuais consequências da implantação de um governo nacionalista argelino em um país cuja construção atribuíam a si.

Em plena guerra confirmou-se a descoberta de importantes jazidas de petróleo e de gás natural no sul do país, no deserto do Saara argelino, o que trouxe dificuldades para o estabelecimento de um acordo sobre seu aproveitamento. De qualquer modo, a exploração já estava sendo controlada por uma empresa francesa. Por isso, Charles de Gaulle teve de utilizar toda sua habilidade política para tentar manter o Saara francês.

As negociações de Evian culminaram nos acordos de 18 de março de 1962, instaurando-se para o dia seguinte um cessar-fogo. Foi quando, diante do Conselho de Ministros, Charles de Gaulle se manifestou, dizendo ser certo que os acordos fossem aleatórios em sua aplicação. Ele considerava necessário facilitar as coisas para essa Argélia que iria aparecer, e sublinhava não ser possível impedi-la de nascer, sendo necessário dar-lhe sua oportunidade.

O armistício incluía garantias para os franceses radicados na Argélia, permitindo-lhes optar por sua futura cidadania. Mesmo com as medidas tomadas para evitar uma emigração em massa, mais de novecentos mil franceses e seus descendentes abandonaram a Argélia nos meses posteriores a esses acordos. Em 1º de julho foi convocado um plebiscito no qual quase seis milhões de argelinos declararam-se favoráveis à independência. Apenas 16 mil votaram contra.

Tinha fim a Guerra da Argélia, com um saldo que chegou a ser calculado em mais de meio milhão de mortos, a esmagadora maioria de argelinos muçulmanos. No entanto, há ainda muitas controvérsias sobre o número correto de argelinos que perderam a vida durante a guerra. O Exército francês perdeu quase vinte mil homens, e entre os colonos, cerca de três mil pessoas morreram. Havia pela frente um país inteiro por reconstruir.

O fim da luta armada marcaria o início do processo de descolonização, o que implicaria transformações fundamentais no relacionamento entre Argélia e França, bem como a abertura de portas a um período de cooperação em áreas técnicas e comerciais, além de convênios culturais. Agora, era verdade que o futuro estava nas mãos dos próprios argelinos, mas diante deles se descortinava uma situação econômica e social caótica: terras abandonadas, fábricas destruídas ou vazias, estradas interrompidas, prédios públicos sem condições de funcionamento, emigração ininterrupta e desemprego em massa.

Embora sem optar de forma intransigente por um rompimento integral dos laços com a França, os responsáveis pelo governo recém-implantado preocupavam-se com a adoção de um modelo de desenvolvimento não capitalista. Após a assinatura dos acordos de Evian, uma reunião do já citado CNRA, na cidade de Trípoli, na Líbia, reforçou essa definição ideológica por uma revolução socialista.

Depois da proclamação da independência (3 de julho de 1962), ficou ainda mais nítida a disputa interna pelo poder entre o GPRA e Ahmed Ben Bella. Para muitos, isso refletia a maneira pela qual a nova Argélia, planejada como revolucionária e socialista, passava a questionar esse universo após sua independência. Em outubro do mesmo ano o país foi admitido na Organização das Nações Unidas.

No editorial de sua volta à circulação, o jornal *Alger Républicain*, fechado em 1955, definia o país a emergir da luta como uma Argélia que devia destruir as sequelas do colonialismo; oferecer a todos, de qualquer origem, os mesmos deveres e direitos; e avançar com audácia rumo à democratização, justificando progresso. Uma Argélia na qual a terra pertenceria aos camponeses e aos trabalhadores agrícolas, e as riquezas essenciais seriam propriedade de todo o povo.

O retorno do *Alger Républicain* foi bem recebido pelos leitores e ele se transformou no primeiro jornal do país. Sua tendência revolucionária e humanista incomodou algumas pessoas nas estruturas de poder que se formavam.

Os franceses que deixavam o país destruíam ou prejudicavam o que não podiam levar, o que incluía desde infraestruturas básicas e serviços públicos até móveis e automóveis. Dissipada a euforia da independência, o povo argelino compreendeu o que teria desde o início em mãos para a construção que se fazia necessária. Um quadro problemático era oferecido por dirigentes tidos como heróis e guias e que, regressando ao país independente, passaram a lutar sem limites pelo poder, destruindo o mito de uma FLN solidária a serviço dos interesses e aspirações populares. Durante semanas a Argélia, fustigada e sem rumo, acompanhou choques armados que provocaram centenas de mortes.

O *Alger Républicain* saudou no editorial de um número especial o decreto que regulamentou o destino dos bens sem proprietário, acentuando que a partir de então não mais existiam esses bens, mas empresas e instituições de autogestão. Em suas páginas, o jornal dizia que a experiência de alguns países de independência recente ensinava que uma camada social privilegiada podia tomar o poder para proveito próprio; porém, ao agir assim, privava o povo do fruto de sua luta e se afastava dele para aliar-se ao imperialismo. Portanto, em nome da unidade nacional, que explorava com oportunismo, a burguesia simulava atuar para o bem do povo, pedindo-lhe que a apoiasse.

Tal linguagem desagradou profundamente muitos elementos influentes da nova burguesia em formação, instalados em postos importantes da FLN e do governo argelino. Nessa disputa, Ahmed Ben Bella acabaria por se aliar a Houari Boumedienne, chefe do estado-maior do ELN, que combatera na guerra pela independência a partir de sua base marroquina.

Estava configurado o confronto entre os assim classificados "internos" e "externos". A luta pelo poder não excluiria choques armados, cuja constância incontrolável conduziria o país recém-independente ao campo dos perigos típicos de uma guerra civil.

A aliança entre esses dois líderes, Ahmed Ben Bella e Houari Boumedienne, resultou em acordos que levaram à dissolução do GPRA. A Assembleia Nacional Constituinte, presidida por Ferhat Abbas, elegeria Ben Bella presidente da República, cuja vitória dava início a um processo que, para muitos dos principais estudiosos desse período da história argelina, implicaria uma liquidação do que ainda restava de reformismo no conjunto das forças nacionalistas.

A FLN consolidou-se como partido único. Outros partidos políticos que pretendiam manter-se em atividade acabaram sendo dissolvidos, caso do PCA. A primeira Constituição argelina entrou em vigor em setembro de 1963 e caracterizou o país como uma República popular, democrática e socialista. Tal definição provocou o afastamento das derradeiras tendências liberalizantes, e foi nesse momento que Ferhat Abbas optou por abandonar a política. A Constituição definiu o país como "parte integrante do Maghreb árabe, do mundo árabe e da África".

A tendência de Ahmed Ben Bella à concentração de poder seria apontada como uma das causas que o levaram a entrar em choque nos últimos anos da guerra da independência com os outros cinco chefes históricos mais destacados da revolução e que ainda estavam vivos. Ben Bella suprimiu aos poucos a direção colegiada do governo, chegando a assumir sob sua responsabilidade seis cargos: presidência da República, secretariado geral da FLN, comando supremo das Forças Armadas, e os ministérios do Planejamento, Interior e Finanças.

Com Ahmed Ben Bella criaram-se os comitês de gestão, que, por meio de decretos socializantes que regulamentavam os bens vacantes (empresas de toda espécie e terras abandonadas pelos colonos que voltaram a seu país de origem), propunham-se a funcionar como instrumento de administração da economia pelos próprios trabalhadores.

Na agricultura os resultados foram bastante expressivos nessa etapa: a colheita de 1963 foi excepcional e nesse mesmo ano o governo nacionalizou todas as propriedades agrícolas. Apesar de tais transformações, a relutância de Ahmed Ben Bella em acelerar a reforma agrária e aprofundar os esforços de industrialização é apontada como uma das razões que levariam à sua queda.

Em 1964, o congresso da FLN, realizado em Argel, proclamou o fortalecimento da solidariedade com os países africanos, bem como o reforço das vias de desenvolvimento econômico socialista. Concretamente, a condução da política exterior argelina passou a se expressar por meio do apoio a movimentos como o de libertação de Angola (Ahmed Ben Bella chegou a colocar uma força de voluntários à disposição dos combatentes angolanos) e o dos nacionalistas contrários ao regime racista em vigor na África do Sul. Essas opções foram mantidas mesmo após a queda de Ben Bella e não se limitaram ao campo da solidariedade em território africano.

A Argélia, a partir da segunda metade dos anos 1960, transformou-se em um efervescente núcleo político para onde acorriam representantes e exilados. A cidade de Argel tornou-se uma espécie de centro internacional de movimentos anticolonialistas, anti-imperialistas e de esquerda de todos os continentes. Isso se verificou principalmente após a maior aproximação de Cuba com a União Soviética e depois do rompimento entre os governos de Pequim e Moscou. Não foram poucos os movimentos revolucionários e de libertação nacional, mesmo alguns inspirados nas tendências do pensamento político maoísta, que se voltaram para encontrar apoio nos argelinos.

A busca de uma independência plena em todos os sentidos refletia-se em outros planos da política externa. A cooperação econômica e as alianças políticas com países do Terceiro Mundo, principalmente com os de regimes proclamadamente anti-imperialistas, foram consequência dessa orientação autônoma. Até mesmo com os Estados Unidos a Argélia chegou a reatar relações no início da década de 1970, quando foi firmado um contrato de fornecimento de gás natural para os norte-americanos. A essa altura, o valor dos recursos petrolíferos locais já equivalia à exportação de vinho ou à remessa de salários dos trabalhadores emigrados.

Em relação à França, após a independência, as relações sempre tiveram contornos delicados, mas foram caracterizadas pela afirmação da vontade nacional adaptada às exigências práticas do processo argelino. A esse respeito, declararia depois o presidente Houari Boumedienne, tais relações estavam baseadas no interesse recíproco das duas partes. E era sobre esse princípio que ele dizia se estabelecer a política de cooperação argelino-francesa.

O entusiasmo de Ahmed Ben Bella e os avanços constatados a curto prazo acabaram por transformá-lo em símbolo da luta anticolonialista e anti-imperialista. O próprio Ben Bella fazia de seu socialismo islâmico um modelo para os outros povos que travavam lutas similares. Ele desejava estender a revolução a todo o continente africano, e sua postura acabou por trazer-lhe críticos e inimigos dentro da própria Argélia: antes de mais nada, o nacionalismo argelino reivindicava a consolidação do socialismo dentro dos limites do próprio país. Encarnado pela figura ascética do coronel Houari Boumedienne, chefe do estado-maior, esse nacionalismo acabaria por derrubar o presidente argelino em julho de 1965, pouco antes da realização da Conferência Afro-Asiática de Argel, em que se ressaltaria a imagem de Ben Bella como representante da luta do Terceiro Mundo.

Houari Boumedienne, o mesmo homem que contribuíra decisivamente para a ascensão de Ahmed Ben Bella, foi o principal responsável por sua derrubada, convocando os argelinos a não se colocarem a serviço de um só homem; a não clamarem pelo nome de uma só pessoa; e a gritarem o nome da Argélia socialista. Ao mesmo tempo, Boumedienne criticava em Ben Bella o "culto à personalidade".

Depois da independência da Argélia, Ahmed Ben Bella foi primeiro-ministro (1962-1963) e, em 1963, nomeado secretário-geral da FNL e eleito presidente da República. Mas, em 1965, ao ser deposto por Houari Boumedienne, permaneceu em prisão domiciliar até 1980. De 1981 a 1990 viveu exilado na França, conseguindo depois regressar a seu país.

Em virtude da proximidade histórica dos acontecimentos, ainda não foram reunidos elementos suficientes para a composição de um quadro mais consistente acerca das divergências que fizeram com que tomassem caminhos tão diferentes homens que poucos anos antes haviam cerrado fileiras em torno de uma única causa: a independência da Argélia. O choque entre Ahmed Ben Bella e Houari Boumedienne é tido como a expressão em instância mais elevada das divergências que opuseram vários outros líderes revolucionários durante e após a guerra da independência quanto às definições de um projeto socializante e ao papel que nele teria o islã.

A história dos acontecimentos verificados no seio do movimento revolucionário argelino é, portanto, uma história ainda por escrever e que inclui um complexo conjunto de fatores a considerar: as origens sociais dos protagonistas, sua formação ideológica, seu comportamento político na forma de conduzir as transformações exigidas pelo movimento, suas aspirações de ordem pessoal diante do poder interno e suas opções diante do contexto internacional.

O presidente Houari Boumedienne consolidou de maneira inegável a Revolução Argelina. No âmbito da definição política, o regime que ele comandou incentivou sensivelmente o aumento da participação popular nas decisões, por intermédio das instituições de caráter comunitário e regional. Esse impulso foi decisivo para os avanços concretos da economia socializante, contribuindo para a autogestão, que iria acelerar-se após 1965.

O governo de Boumedienne criou o Banco Nacional com o objetivo de prestar apoio aos projetos em andamento e favorecer as opções nacionalistas argelinas de socialização tanto na indústria como na agricultura. Até então as instituições financeiras eram vinculadas a monopólios baseados no exterior. O Banco Nacional representou, portanto, um importante passo na superação do capitalismo implantado, uma vez que os grupos financeiros estrangeiros foram afugentados pelas opções soviéticas assumidas pelo governo argelino.

A autogestão seria adotada pelo novo governo argelino para a dinamização de uma economia moderna, em que a descentralização é uma exigência, pois por meio dela os trabalhadores administram diretamente as unidades de produção e a prestação de serviços, em um processo que aos poucos se estende a todos os outros aspectos da vida nacional.

O mecanismo de nacionalização acionava-se de forma simultânea. Em 1968, dezenas de empresas estrangeiras em operação no país foram nacionalizadas. Três anos depois foi a vez das companhias petrolíferas francesas, com o governo local adquirindo 51% de suas ações.

Com base em uma acelerada industrialização (favorecida pela grande disponibilidade de petróleo e de gás natural), a Argélia conheceria um notável crescimento econômico: o Produto Interno Bruto praticamente duplicou entre 1963 e 1970. Assim como ocorria em praticamente todos os países árabes, em virtude da intensa transformação econômica, mais da metade dos argelinos vivia agora em cidades. Em 1966, Argel, a capital, tinha uma população estimada em quase um milhão de habitantes.

Com o objetivo de programar a total independência econômica, o incentivo à industrialização refletiu-se na implantação de grandes complexos do setor siderúrgico, bem como de refinarias, parques têxteis etc. Para tanto, foi necessário recorrer à importação de técnicos europeus, mas a industrialização intensiva não impediu a exportação de contingentes de mão de obra para a Europa, especialmente para a França.

Durante a administração de Houari Boumedienne investiu-se na indústria pesada, como a do aço, e na alta tecnologia, com a preocupação de obter autonomia e avanços na agricultura e na produção de bens de consumo. Especificamente no caso da agricultura, a socialização voltou-se em especial para as terras que antes eram de propriedade europeia. No entanto, grande parte dos camponeses ficara à margem, sem terras para cultivar ou ligada a minifúndios de baixa produtividade. Em 1971 teve início uma reforma agrária – explicitada na Carta da Revolução Agrária – com o projeto de abolição da propriedade privada agrícola, aliado a uma política cooperativista modernizante.

A autonomia da política externa é outra das marcas registradas da Argélia revolucionária. A Constituição da República considera o país parte fundamental do Maghreb, da África e do mundo árabe. E essa mesma Constituição define a independência da política exterior, pautada pelo neutralismo e pelo não engajamento às grandes potências mundiais, independentemente das características destas.

Em 1973 ocorreu em Argel a Quarta Conferência de Cúpula dos Países não Alinhados. As relações econômicas entre as grandes potências e os demais países seriam postas em questão nesse encontro. Durante essa conferência, Houari Boumedienne fez um discurso chamando a atenção para a necessidade da independência econômica, ressaltada como condição primeira da independência política.

Nessa conferência convergiram para importantes pontos em comum as posições dos países não alinhados e as dos países do bloco socialista. A preocupação argelina de construir um socialismo independente e de seguir uma política de não alinhamento seria mantida até o fim do governo de Houari Boumedienne.

O coronel Houari Boumedienne não podia ser visto como um conservador, apesar do que pensavam seus inimigos. Combatente exemplar durante o período de luta armada, era classificado como um dirigente progressista que foi capaz de manter o socialismo como meta primordial em seu projeto político-econômico para a transformação da Argélia.

O sucessor de Houari Boumedienne (falecido em 1978), coronel Chadli Benjedid, comandante da região de Oran, insistiu na manutenção da política externa herdada da revolução, mas ao mesmo tempo normalizou as relações com os vizinhos árabes e aproximou a Argélia de países como Estados Unidos e França. Benjedid, líder empenhado na construção e no avanço de seu modelo peculiar de socialismo nacional islâmico, procurou manter tal orientação mesmo após a Sexta Conferência dos Países não Alinhados (Havana, 1979): um encontro caracterizado, entre outros aspectos, por discussões em torno do papel da própria Cuba – como país ligado à União Soviética e ao seu bloco socialista – no movimento dos países não alinhados.

Nesse quadro, a Argélia procurava manter a coerência com sua opção por uma política externa independente que a colocava em destaque entre os países do Terceiro Mundo. Ela permanecia ocupando uma espécie de lugar alternativo no panorama do movimento anti-imperialista e de libertação colonial do mundo subdesenvolvido.

A crise econômica dos anos 1980, com a decadência da estratégia socialista de desenvolvimento, separou o autoritarismo militarista industrializante do populismo nacional conservador, que passou a se vincular ao islamismo radical, influenciado pela ideologia iraniana e pelo islamismo saudita.

Chadli Benjedid, ao contrário da explícita orientação socialista de Houari Boumedienne, abriu mais espaço à iniciativa privada, privilegiando tendências da economia de mercado e aproximando a Argélia dos Estados Unidos, além de retomar os vínculos com a França. A partir de 1985, a acentuada queda no preço mundial do petróleo levou à forte diminuição dos ingressos no país e à redução dos gastos públicos.

Por sua vez, a explosão demográfica contribuiu para que proliferassem greves e a crise de habitação se acentuou. O descontentamento crescia. Em outubro de 1988 houve nas grandes cidades argelinas distúrbios e manifestações de dimensões inéditas desde as lutas pela independência. Os grupos fundamentalistas eram majoritários nesses acontecimentos e a repressão conduzida pelo Exército provocou a morte de centenas de pessoas.

Foram seis dias de revoltas na capital, de 5 a 10 de outubro de 1988, tendo como ponto de partida disputas no seio do governo que abalaram as estruturas do regime. Em 10 de outubro, atendendo ao chamado de Ali Banhadj, um jovem pregador, milhares de pessoas se reuniram em Belcourt (bairro popular de Argel) e se dirigiram a outro bairro, Bab el-Oued, onde mercados estatais foram destruídos e incendiados. O confronto se transformou em tragédia: um franco-atirador abriu fogo e os militares responderam em seguida: 36 pessoas foram mortas, entre elas, um jovem jornalista.

O movimento que tomara Argel se disseminaria por todo o país. Os comitês da FLN estavam entre os alvos principais dos insurgentes, bem como prédios da administração pública e delegacias de polícia.

Em plena turbulência, em um comunicado difundido pela televisão, o presidente Chadli Benjedid anunciou que um projeto de reforma política em todas as esferas seria em breve submetido ao povo. A primeira medida adotada foi a decretação do estado de sítio.

Junto à presidência da República, um pequeno círculo de reformistas, dirigido por Mouloud Hamrouche, aproveitou para tentar acelerar a instabilidade do poder instalado. De fato, as revoltas mostraram ter conseguido pressionar o presidente a providenciar uma abertura política. Aos poucos, o multipartidarismo foi reconhecido, a imprensa de Estado foi aberta, esperando-se, então, a emergência da imprensa privada.

Desde a independência, a FLN se tornara o único partido do país, mas, com os conflitos de outubro de 1988, o multipartidarismo em breve seria instaurado e o país passaria a contar com mais de trinta partidos políticos (o mais importante deles continuaria sendo a FLN). Desses episódios até dezembro de 1991, a Argélia assistiu a uma abertura política considerável. O consenso nacional passaria a chamar esse período de "primavera democrática", embora a violência continuasse presente.

Uma nova Constituição, de 23 de fevereiro de 1989, amplamente inspirada no modelo francês, consagrou as liberdades e instituiu a responsabilidade do governo perante a Assembleia Nacional. Essa Constituição levou a mudanças radicais: além do multipartidarismo foram reconhecidos os direitos humanos e a igualdade de direitos e deveres dos cidadãos; também teve fim a candidatura única à presidência. Depois disso, Chadli Benjedid aprofundou as mudanças políticas, separando as funções de presidente e de secretário-geral da FLN. Dali em diante, o primeiro-ministro prestaria contas ao Parlamento.

Ainda em 1989 seria implantado o multipartidarismo por meio de um referendo: a Argélia passava a ter um total de 47 partidos políticos, entre eles a Frente Islâmica de Salvação (FIS), de orientação fundamentalista, e cujas propostas políticas eram abertamente contra a redução dos gastos públicos que o governo adotara diante da queda da cotação do petróleo. A FIS intensificou suas ações, propondo-se a combater os costumes de origem europeia, e organizou em Argel uma grande manifestação para exigir eleições antecipadas. Representantes importantes da oposição começaram a retornar do exílio, caso do antigo presidente do país, Ahmed Ben Bella.

A imprensa argelina obteve uma relativa independência nos anos 1990, ainda que abalada pelo assassinato de vários jornalistas. Uma década de terrorismo, iniciada em 1992, custaria ainda a vida de vários intelectuais e agentes de Estado. E 1992 também foi o ano da instauração de um estado de exceção, decretado pelo Exército após a vitória dos muçulmanos da FIS nas eleições legislativas. A situação passou a ser de virtual guerra civil entre grupos armados islâmicos que atuavam contra o governo de um lado, e o governo e seus adeptos de outro. Os muçulmanos radicais criticavam a incompetência da FLN diante do desemprego, dos problemas na área da educação, do êxodo rural, da situação econômica e da dependência de organizações internacionais.

Na fase pós-Houari Boumedienne, Chadli Benjedid procurou, contudo, garantir a continuidade de alguns projetos fundamentais da nova Argélia: a industrialização, a transformação radical da estrutura agrária, a recuperação da identidade nacional por meio da arabização e a expansão dos serviços sociais. Ele herdou um país bem diferente daquele que Boumedienne encontrara ao chegar ao poder: uma Argélia que revelava progressos na indústria, no comércio, na agricultura, na saúde, na educação, no sistema habitacional, na qualidade de vida em geral, apesar de ainda ser um país às voltas com problemas muito sérios, mesmo que os índices não refletissem mais as carências experimentadas durante o período colonial.

Na área educacional, os esforços de alfabetização fizeram com que caísse para menos de 40% o número de analfabetos entre a população argelina, índice que em 1963, atingira o dobro. Também o número de estudantes matriculados cresceu muito nos dez anos após a vitória dos rebeldes, chegando a quadruplicar nesse período.

O sistema universitário via-se perturbado por desavenças entre os partidários de uma arabização plena do ensino e os que ainda postulavam a manutenção do ensino em francês em colégios e faculdades. Levando-se em conta que nos anos 1960 o país possuía apenas duas universidades, a de Argel e a de Oran, o número destas crescia. Paralelamente a essa questão, conflitos envolvendo as principais etnias do país (berberes, cabilas) continuavam a ocorrer, gerados pela política oficial de uniformização cultural.

O governo independente teve como objetivo a generalização da educação para todas as crianças e a substituição do ensino em francês pelo ensino em árabe. Os professores herdados do regime colonial eram todos francófonos, forjados na necessidade de formar uma categoria social mediadora entre europeus e argelinos.

Para suprir a nova necessidade, porém, a administração recorreu a duas fontes de recrutamento: instrutores estrangeiros (egípcios, palestinos, iraquianos, sírios e libaneses) e milhares de jovens argelinos elevados com certa pressa ao cargo de professores. Os colaboradores estrangeiros foram, sem dúvida, competentes em ensinar a língua árabe, mas não tinham familiaridade com o patrimônio cultural argelino e, por isso, disciplinas como instrução cívica, educação religiosa e história foram prejudicadas. Esses professores transferiam, além de conhecimentos, as próprias crenças aos jovens argelinos, investindo em concepções culturais e religiosas diferentes das do país que os acolhia.

Diante do islamismo sunita da Argélia, no Oriente Médio, a religião é parcialmente cristã (ortodoxa, copta, maronita) e muçulmana xiita, sobretudo no Líbano, no Iraque e na Palestina. O mais delicado de tudo foi a ênfase dada, em todos os aspectos, à dimensão arabizante da Argélia.

Esse fenômeno foi bastante reforçado pelo contexto em que ocorrera a independência do país, correspondente à militância nasserista. A tendência natural dos professores-cooperantes era evidenciar a origem árabe do país receptor, mas sem medir a magnitude de sua contribuição para a limitação da personalidade argelina. O aluno via-se dividido entre seu cotidiano em casa ou na rua, onde se falava o dialeto argelino ou o berbere, e a escola que o ensinava a ser um árabe como o saudita ou o palestino. A extrema dificuldade de se situar na linguagem e de se definir como identidade independente atrapalhava a adesão das novas gerações ao modelo proposto pelos sistemas educacional, religioso e político.

Os mestres estrangeiros não foram os únicos a contribuir para uma desestabilização do jovem argelino: os próprios instrutores nativos não demonstravam estar preparados para assumir a tarefa educacional. Formados, na maioria, por instituições corânicas tradicionais, dotados de cultura geral e de preparo científico e pedagógico limitados, eles apresentaram uma imagem da religião baseada no autoritarismo. Para muitos analistas, tal etapa se caracterizou por parte de esses educadores terem inculcado nos mais jovens alunos uma visão escatológica do islã em vez de difundi-lo como uma espiritualidade portadora de uma ética individual de fraternidade.

Saúde e habitação eram outros dois problemas graves que ainda preocupavam os dirigentes argelinos. Mesmo assim, houve conquistas consideráveis nessas áreas. Deve-se aos avanços no sistema de saúde pública, por exemplo, um índice de mortalidade infantil que chegou, no fim do século XX, a ser mais baixo que o do Brasil. Na área habitacional, a gravidade do problema fez com que 15% do orçamento nacional correspondente ao primeiro ano do governo de Chadli Benjedid fossem dedicados a um programa de habitações populares.

A atuação feminina na vida do país seria outro problema candente de uma Argélia voltada para a consolidação da autonomia. Pouco após a independência, um observador como Albert-Paul Lentin, jornalista do *Libération*, na época diário contrário ao colonialismo, podia indicar que as mulheres, que deviam à revolução o início de sua libertação, começavam rapidamente a emancipar-se: muitas abandonavam o véu, trabalhavam cada vez mais fora de casa, tomavam consciência dos seus direitos, aprendiam a organizar um processo administrativo e, mais audaciosas que os homens, em certas ocasiões, no plano político, manifestavam-se por vezes em massa diante da prisão de Barberousse contra as prisões e execuções.

As mulheres, cuja participação fora tão importante na guerra, continuaram lutando contra o papel que lhes era reservado em uma sociedade tradicionalista e refratária a mudanças importantes no estatuto feminino. O reforço do fundamentalismo islâmico, importante inclusive em aspectos da luta contra a metrópole francesa, acabou por transformar-se em obstáculo ao progresso da condição feminina, progresso esse inevitável em um país onde, além de outros fatores, a população europeia ou de origem europeia chegava a um milhão de pessoas (para uma população total de mais de vinte milhões). A Constituição garantia igualdade de direitos às mulheres, mas a prática cotidiana milenar limitava de todas as formas sua concretização.

Em junho de 1990 houve eleições municipais e provinciais. Grupos islâmicos fundamentalistas protestaram contra a forma de organização das eleições e as boicotaram. A FIS conseguira nessas eleições 52,42% dos votos e a FLN, 28%. O governo liberalizante de Chadli Benjedid continuava preocupado com a democratização e programou eleições legislativas para junho de 1991. A FIS respondeu recorrendo a grandes greves e, como consequência, seguiu-se o estado de sítio. Milhares de partidários da FIS foram presos, inclusive líderes importantes. Ao mesmo tempo, o debate sobre a democracia prosseguia.

Parcela significativa da opinião pública argelina entendia que o país seria beneficiado por um governo da FIS e uma presidência da República a cargo da FLN. De sua parte, o governo avaliava como um grave erro ter autorizado a participação da FIS sem levar em conta que a Constituição proibia partidos religiosos. De seu lado, o general reformado Abdelhamid Djouadi, que comandava a Quinta Região Militar (Sudeste), onde ocorreram os primeiros atentados contra o quartel do Exército em Guemmar, em novembro de 1991, afirmava que, ao pretender instaurar uma república islâmica, a FIS questionava as próprias bases políticas do Estado argelino. A organização se colocava contra o socialismo e o sistema laico, contra tudo que derivava do Ocidente, e defendia a instauração de uma sociedade de economia sólida, mas fundamentada na tradição do islã. Assim, o movimento islamita tornou-se a principal oposição ao Estado argelino.

Em dezembro de 1991 a FIS obteve uma clara vitória no primeiro turno das eleições legislativas, conseguindo 188 cadeiras na Assembleia Nacional, contra 43 dos demais partidos. Isso levava a se pressagiar um triunfo definitivo no segundo turno, programado para janeiro de 1992. Tudo fazia crer que nessa fase a FIS poderia ter maioria absoluta, superando o partido único anterior, a FLN. As projeções indicavam que essa organização obteria 15 cadeiras na Assembleia, de um total de 430.

Diante dessa possibilidade, em janeiro o Exército pressionou o presidente Chadli Benjedid, levando-o a renunciar. Em outras palavras: tratava-se de um golpe de Estado. Foi convocada uma figura histórica da guerra da independência: Mohammed Boudiaf, exilado no Marrocos desde 1964, para ser colocado à frente do Alto Conselho de Estado (ACE), formado pelo Exército e pela FLN e constituído de cinco membros. O caminho para o poder se fechara para os islamitas, mas permanecia aberto o enfrentamento entre o novo poder e os que se sentiam destituídos de sua vitória nas primeiras eleições pluralistas desde a independência. Boudiaf, que desde 1972 expunha seu projeto político modernizante e de distanciamento das tendências islâmicas que se fortaleciam, foi colocado no comando do ACE. O Ocidente apoiou o golpe e a França foi, nesse sentido, um dos países destacados, inclusive por ser o maior importador de gás argelino.

Surpreendidos pela suspensão do processo eleitoral, os dirigentes da FIS, cujos principais líderes estavam presos, exigiram a realização do segundo turno. Com a instauração do estado de emergência e com a FIS declarada como um partido político fora da lei, essa organização passou a conclamar desobediência civil e militar, começando assim enfrentamentos e atentados dirigidos principalmente contra as forças policiais.

Tinha início uma nova década violenta e uma nova guerra civil. O presidente Mohammed Boudiaf, assassinado em 29 de junho de 1992 por um de seus guarda-costas, foi uma das primeiras vítimas. Desde então, mais de cem mil pessoas morreram, segundo fontes oficiais. No entanto, a imprensa e os partidos políticos estimam que o número de mortos ficou acima dos 150 mil.

Para o lugar de Mohammed Boudiaf foi nomeado Ali Kafi, que condenou o líder da FIS, Abbassi Mandani, a 12 anos de prisão. A violência aumentou de intensidade tanto por parte do regime militar como dos extremistas islâmicos. O clima de terror espalhou-se pelo país e as aldeias foram os principais alvos. Para se defender, a população exigiu ajuda e o governo chegou a armar civis. Grupos paramilitares assassinaram suspeitos de oposição, enquanto jovens fortaleceram o integrismo islâmico. Fundamentalistas passaram a assassinar intelectuais, professores, escritores, jornalistas e estrangeiros em geral.

A decretação de ilegalidade da FIS levou à criação de um braço armado, o Exército Islâmico de Salvação (EIS), de ação violenta, que atingiu todo o território argelino, deixando a população civil exposta ao confronto entre o Exército e a guerrilha do Grupo Islâmico Armado (GIA) e suas ramificações, na maior parte dissidentes do EIS. Após ter sua ilegalidade decretada, a FIS disseminou-se por meio da criação de diversos grupos armados.

O governo da Argélia utilizou o fundamentalismo islâmico como pretexto de emergência para violar os direitos humanos e anular as liberdades e as reformas econômicas. A violência em todo o país cancelou o processo de liberdade política e fez centenas de vítimas, entre mortos e feridos. A incapacidade estatal de evitar o recurso à repressão acelerou seu distanciamento da sociedade. Assim, em janeiro de 1994, Liamine Zéroual foi nomeado presidente pelo Alto Conselho de Segurança. Sua chegada ao poder provocou protestos da FIS. O governo procurou dialogar com a organização mas se recusou a atender às exigências dos fundamentalistas do GIA, que se declararam contra a FIS pelo apoio dado ao processo eleitoral.

Os atentados continuaram durante os governos seguintes, que se opunham à reação islâmica, e em 1995, a FIS e o GIA desencadearam diversos atentados terroristas em Paris com o objetivo de chocar a comunidade internacional e atrair a atenção para o problema argelino. Havia divergências no seio do próprio movimento fundamentalista quanto à opção a escolher.

Na Argélia, os extremistas islâmicos continuaram a praticar atos de terrorismo que só fizeram aumentar a repressão governamental. Em novembro de 1995 foram realizadas eleições para a presidência e Liamine Zéroual elegeu-se com 70,46% dos votos. A oposição acusou novamente o governo de fraudar as eleições. As eleições locais de outubro de 1997 contaram com 66,19% do eleitorado e foram vencidas pela União Nacional Democrática (RDN).

A violência cresceu e 1997 se caracterizou como um ano de massacres e explosões, além de condenações à morte. Uma parcela dos grupos radicais se propunha inclusive a abandonar a luta armada. Diante dos acontecimentos, os fundamentalistas não deixavam de ser regularmente acusados de atentados e chacinas. Uma política de reconciliação nacional bem conduzida somente seria coordenada por Abdelaziz Bouteflika, da FLN, ex-primeiro-ministro que chegaria ao poder presidencial nas eleições realizadas em abril de 1999.

Abdelaziz Bouteflika venceu com 73% dos votos, mas a oposição não reconheceu os resultados, argumentando manipulação das urnas. Tentando acalmar a situação, o governo declarou como primeira medida pacificadora a anistia de quinhentos presos entre os vinte mil detidos, na maioria fundamentalistas. A FIS propôs-se a depor armas, mas a violência continuou. A eleição de Bouteflika foi marcante. Primeiro, tratava-se de um civil, o que quebrava a tradição militar na chefia do Estado argelino. Mas o novo presidente baseou seu programa político na necessidade de promoção de uma anistia, empenhando-se na construção de um relacionamento com a Europa.

Abdelaziz Bouteflika assumiu uma política pragmática e menos ideológica, negociando com o EIS e propondo a dissolução do grupo. Além disso, abriu o país em termos internacionais, incluindo o que dizia respeito a assuntos antes proibidos, como a luta antiterrorista. Ele foi ainda responsável pelo início de uma liberalização gradual da economia, criando melhores condições para investidores estrangeiros. O novo quadro político e econômico, embora limitado, quebrou o ciclo de isolamento externo, em especial no relacionamento com a Europa e com os Estados Unidos.

Em síntese, a tecnocracia militar, apoiada por uma ampla frente de classe média contrária ao fundamentalismo islâmico, decidiu optar pela aplicação de um golpe de Estado, preocupada em bloquear a ascensão eleitoral dos fundamentalistas e em proteger o próprio processo de democratização sob seu patrocínio. Espalhou-se, então, uma violência incontrolável, enquanto o país via-se tomado pela polêmica referente ao papel a ser exercido pelos vitoriosos e radicais islâmicos no multipartidarismo que começaria a se implantar.

Efetivamente, generalizou-se nos meios não islâmicos uma preocupação crescente com o risco de que os integristas, quando estabelecidos no poder, pudessem rejeitar a democracia. Essa rejeição poderia apoiar-se no objetivo dos muçulmanos de se libertar da chantagem ocidental, que os obrigava a renunciar à sua religião e cultura para ter acesso à modernidade.

A Argélia, completando quase meio século de vida independente, apresentava-se durante esse período, em síntese, como um país em permanente construção, mergulhado na procura de solução para seus problemas mais agudos. Mas era uma Argélia que prezava, mais que tudo, seu orgulho nacional. Uma Argélia cujo destino, após uma das guerras mais violentas da era contemporânea, estaria nas mãos de seu povo.

7. O FUTURO DE UMA NAÇÃO INTEIRA

A intensa luta pela independência argelina deve ser compreendida no contexto mais amplo do processo de descolonização afro-asiático que se verifica ao longo do século XX. Nos limites mais restritos da descolonização norte-africana, o Egito foi o primeiro país a se emancipar, constituindo um Estado nacional. A influência que teve sobre o movimento dos rebeldes argelinos foi expressiva e ocorreu de maneira mais dirigida precisamente nos anos que se seguiram ao término da Segunda Guerra Mundial, momento em que se esboçou uma reformulação das relações internacionais e quando os egípcios alcançaram sua independência. Simultaneamente, o povo argelino iniciava o percurso rumo à libertação nacional.

A derrocada do regime colonialista ocorreu, para a Argélia também, com o suporte decisivo do nacionalismo, mas não tratado como um retorno incondicional ao passado e a um regime com aspectos arcaicos que não correspondia mais às necessidades surgidas após 130 anos de colonialismo. Tratava-se, mais que tudo, de alcançar e consolidar a independência. O nacionalismo argelino não era visto como a simples retomada de antigas tradições e de antigas afeições, mas como o meio de que os argelinos dispunham para fazer cessar sua exploração, conforme afirmava Jean-Paul Sartre.

Influência tão considerável como a do pan-arabismo nasserista não impediu que se desenvolvesse um nacionalismo argelino de personalidade própria. Ele avançaria em sua proposta crítica ao capitalismo no plano ideológico, além de concretizar o projeto revolucionário a que se propunha, meta que não foi alcançada pelo próprio nasserismo, apesar de este explicar seu movimento, fundamentalmente, como a necessidade de libertar os escravos, ou seja, o povo, e colocá-lo, em vez dos antigos senhores, à testa do governo do país. Uma comparação sumária das conquistas concretas da Revolução Argelina é suficiente para evidenciar seu maior alcance diante dos outros países árabes muçulmanos do norte da África.

Outro aspecto característico importante referente ao papel desempenhado pelo nacionalismo argelino deve ser ressaltado. O comportamento político que o definiu não podia prescindir do chamado para que todas as classes sociais participassem da luta libertadora, colocando a personalidade nacional acima delas.

É importante também destacar a reduzida repercussão, na Revolução Argelina, das orientações do movimento comunista mundial, por meio das Internacionais. Quando, no primeiro dia de novembro de 1954, foi deflagrada a revolta armada, a FLN apelou aos patriotas argelinos de todas as classes sociais, partidos e movimentos para, de acordo com seu comunicado, lutar contra o colonialismo, o inimigo obstinado que se recusava a conceder a mínima liberdade por meios pacíficos de luta.

A organização não fazia qualquer menção a uma guerra santa, de classes ou de raças, embora a dinâmica da própria guerra acabasse por conduzir, na prática, à sua adoção – mesmo que parcial. Acima de tudo, enfatizava-se a unidade nacional exigida pela luta: "A libertação da Argélia será obra de todos os argelinos, não de uma fração do povo argelino, seja qual for a importância desta".

É necessário, em todo caso, não subestimar o papel da religião muçulmana no processo da guerra de libertação. Na verdade, seu papel foi fundamental, pois o cristianismo não deixou de ser um elemento causador de estigma tanto dos franceses como dos argelinos convertidos, que formavam uma camada social europeizante e refratária à completa autonomia. Por isso, há quem explique a própria escolha do dia 1º de novembro para o começo da luta armada em função de sua importância para os franceses: trata-se da véspera do dia do respeitado feriado religioso cristão de Todos os Santos.

Decidamente, a religião neste caso não era o "ópio do povo". Já no período entre a Primeira e a Segunda guerras mundiais, época de discussão de alternativas para a independência, o xeque Mohammed Ben Badis indicava ser na proteção das tradições que residiam a salvaguarda da individualidade nacional e a condição da felicidade material e moral dos argelinos. Ressaltava que seu povo estava convencido da impossibilidade de viver sem religião, que ela representava uma força considerável, e que não era boa política para nenhum governo subestimar a religião do povo.

Todo o destaque político atribuído ao problema nacional obteve ampla repercussão no seio das camadas populares, especialmente as estabelecidas no campo, historicamente mais sensíveis à presença colonialista. A formação dos centros urbanos era fenômeno mais recente. A exigência da volta ao Estado argelino precedente à colonização, aliada à valorização da personalidade e da cultura nacionais, eram elementos que já constavam do primeiro manifesto divulgado pelo CRUA.

O forte nacionalismo transpareceria ainda na política cultural da Argélia independente, orientando-se por uma maior integração nos mundos muçulmano e árabe. Não se poderia construir o socialismo sem arabização, chegou a manifestar Ahmed Ben Bella. Essa era uma forma de manter viva a alma patriótica após um século de dominação, durante o qual até mesmo o ensino da língua árabe chegou a ser proibido para crianças e estudantes de cursos médios, ficando restrito às universidades, e mesmo assim como matéria opcional.

O socialismo ainda não fazia parte dos objetivos expressos do movimento pela independência. Em último caso, pode-se afirmar que intencionalmente houve a preocupação de que adquirisse caráter idêntico às outras palavras de ordem ou propostas de primeira instância, pautadas pela unidade nacional. Evidentemente, a discussão sobre essa opção esteve presente durante o processo, e líderes como Houari Boumedienne não deixaram de revelar sempre preocupações socializantes, resultando na própria definição da orientação assumida pelo governo da FLN.

Posteriormente, o socialismo de feição argelina se manifestou dotado da intenção de unificar os valores sociais e culturais por meio da harmonização das relações de produção e de trabalho. Portanto, não estava nos planos a submissão aos fatores condicionantes de uma opção econômica ou de uma política social, ou seja, seria dada prioridade ao universo cultural argelino, do qual não se pretendia abrir mão em nome das transformações.

Em termos abrangentes, o aparelho produtivo argelino era estatal, incorporando uma parcela do patrimônio herdada do colonialismo e que foi nacionalizada logo depois da declaração da independência. Verificou-se uma política de restituição das propriedades fundiárias aos camponeses, grupo que formara o essencial da população local durante o período colonial e que desempenhara papel primordial durante os anos de luta pela libertação.

A nova relação com a terra atribuída aos camponeses expressou de forma transparente a preocupação com o restabelecimento de uma noção de justiça que para o Estado independente havia sido violada pelo colonialismo. A nacionalização e a distribuição coletiva de bens passaram a se definir como instrumentos de coesão social, ressaltando-se a necessidade de garantir uma identidade nacional.

Foi nesse quadro que, desde o fim dos anos 1980, afloraram as primeiras revoltas contra o predomínio do partido único. Foi também quando se deu o anúncio de um programa de privatizações em resposta às aspirações de amplas parcelas da população que se mostravam disponíveis às alternativas de um mercado livre.

É necessário notar finalmente que, se o conceito político de nação cristalizou-se durante o século XIX em função das necessidades de consolidação da burguesia europeia, o século seguinte trouxe um interessante paradoxo: também sob o capitalismo monopolista o nacionalismo demonstra ser um poderoso elemento de transformação social, inclusive revolucionário, como no caso aqui tratado, em que a mudança deve ser entendida como sendo de caráter estrutural.

A Argélia representou uma alternativa de desenvolvimento voltada para a exploração de seus recursos nacionais, priorizando o mecanismo de autogestão da vida econômica, mantendo ainda sua independência política e influenciando movimentos anticolonialistas e anti-imperialistas em todas as partes do mundo.

Na segunda metade do século XX, a emergência do nacionalismo nas antigas colônias europeias da Ásia e da África foi vista como forma de resposta possível e instrumento necessário de superação de um momento histórico traçado em função do poder estabelecido por uma burguesia imperialista europeia. A África e a Ásia seriam justamente os principais cenários de desenvolvimento de tal processo.

Após a implantação do socialismo, a Argélia procurou demonstrar a possibilidade de uma revolução nacional sem, com isso, precisar fazer concessões no plano da solidariedade revolucionária internacional. O papel que assumiu seria suficiente para fazer do país uma referência tanto para os povos recém-libertos da longa dominação colonialista como para os que lutaram contra todas as formas que essa dominação assumiu.

O sistema legal argelino é inspirado fundamentalmente nas leis francesas e na legislação islâmica. O país passou a ser governado por uma Constituição desde 1976, a qual foi revisada várias vezes até a versão de 1989. O poder Executivo é liderado pelo presidente, figura eleita pelo voto popular para um mandato de cinco anos. O primeiro-ministro é indicado pelo próprio presidente. O Parlamento bicameral é formado pela Assembleia Nacional Popular e pelo Conselho de Nações.

O fundamentalismo da FIS pode ser interpretado como atitude de uma vertente que reage colocando-se contra a modernização. Se antes a política era concebida como um recurso na luta dos muçulmanos, a partir de então o islã tornava-se instrumento da política e, no caso específico da Argélia, colocava-se como resposta intransigente aos problemas mais graves.

O islamismo radical que se levantaria contra uma secularização objetiva buscava dar sua resposta no âmbito de uma unidade política que se opunha à implantada pela FLN.

Esse islamismo carregava estigmas de intolerância, preservando os próprios símbolos e valores no universo contemporâneo em que se inseriu depois de uma espécie de renascimento. Ele não pode ser identificado com as classes populares mesmo que contando com elas, e não pode ser contraposto ao conjunto das classes médias. O islã que apresenta um modelo de socialização não separa Estado, religião, cultura e sociedade.

Nesse contexto, em 1999, e novamente em 2005, a política autodenominada de paz e segurança nacional do presidente Abdelaziz Bouteflika, reeleito no ano anterior (2004) com 85% dos votos por uma coalizão, preocupou-se em erradicar os focos radicais do islamismo militante. Isso abalou as perspectivas democráticas: o multipartidarismo estava oficialmente em vigor, embora ao preço de um rígido controle exercido sobre os partidos políticos.

A Argélia entrou no século XXI procurando estabilizar-se em uma zona de turbulência que caracteriza as transições políticas e econômicas. Embora o poder político tenha iniciado o século comportando-se em um contexto considerado estabilizado, a situação na Argélia continuou a ser tensa. Os levantes que em todo o território nacional substituíram as manifestações políticas bloqueadas pela administração conheceram em 2001, na Kabilia, sua máxima expressão, com centenas de vítimas entre mortos e feridos.

Os berberes habitam o norte da África há milênios. Na Argélia, concentram-se na Kabilia – região próxima ao litoral que vai do leste de Argel à fronteira com a Tunísia. Os protestos começaram em abril de 2001, após a morte de um estudante pela polícia. Postos policiais foram atacados, viaturas foram queimadas e prédios federais foram invadidos. Em maio, meio milhão de pessoas protestaram em Tizi Uzu, na Kabilia. Em junho, mais de um milhão se manifestou na capital. A consequência mais imediata desses acontecimentos foi a decisão da

Assembleia Nacional da Argélia de mudar a Constituição em abril de 2002, transformando o tamazirte, língua berbere falada por essa minoria (25% da população) em idioma oficial do país, ao lado do árabe.

A incapacidade do poder público aprofundava o espaço entre Estado e sociedade. A modernização da Argélia representou para os muçulmanos o equivalente a um fracasso em virtude do projeto de secularização que a acompanha: eles não pretendiam abrir mão do papel religioso na vida do país. Os islamitas defendem a ação de um Estado islâmico de acordo com a tradição e a religião. Isso se tornou um pretexto para o comportamento violento de grupos fundamentalistas, que procuram, além do poder e da implementação da lei islâmica, retomar o controle de uma sociedade que consideram corrompida pelo Ocidente, embora a modernização não questione obrigatoriamente os valores islâmicos.

No fim do século XX, o desemprego continuava a preocupar. Em oito anos, entre 1987 e 1995, a renda familiar argelina caiu 36%, e a proporção da população em situação de pobreza absoluta passou de 12,2% para 22,6%. Em 1988, no início da crise do endividamento e da queda do preço do petróleo, a taxa de desemprego era de 17% e em 12 anos passou para 29%, segundo dados oficiais. Cerca de 80% desses desempregados tinham menos de 30 anos de idade.

Diminuir o crescimento demográfico e fechar as empresas públicas, grandes empregadoras, estão entre as propostas feitas a partir do exterior. As próprias empresas privadas são ameaçadas pela aproximação com a Organização Mundial do Comércio (OMC) e a União Europeia. Isso provocou reação da UGTA e também do Fórum dos Empresários Argelinos.

A taxa de analfabetismo caiu: de 74,6% em 1966, passou para 31,9% em 1998, embora ainda continue sendo de 40% para as mulheres. Mas é importante considerar a escolarização em massa dos mais jovens. De 1979 a 1999, a população escolarizada entre 6 e 15 anos de idade passou de 77,26% para 89,98%. Quanto ao papel feminino nota-se que, na universidade, inúmeros setores compõem-se majoritariamente de mulheres. Elas sustentaram um discreto movimento para atuar em todos os níveis, investindo no espaço público. E se fazem presentes em grande quantidade nas áreas da educação, saúde ou serviços. A população economicamente ativa feminina passou de 109 mil em 1966 para 1,4 milhão em 1998.

Nesse contexto, Abdelaziz Bouteflika foi reeleito presidente em 2009 com mais de 90% dos votos – "por esmagadora maioria", pretensão que ele próprio anunciara. Sua ascensão ao comando do Estado argelino por outros cinco anos fortaleceu um movimento destinado a mudar o sistema político. A taxa de participação eleitoral foi de 74,1% – superior, portanto, à da eleição presidencial anterior, de 2004 (58,1%), e à da primeira eleição de Bouteflika, em 1999 (60%).

As primeiras reações políticas foram de denúncia. Quatro dos candidatos que participavam da disputa denunciaram o caráter fraudulento das eleições. Os partidos que proclamaram a abstenção, a Frente de Forças Socialistas (FFS) e a Reagrupação pela Cultura e a Democracia (RCD), denunciaram manipulação dos votos. A FFS, liderada por um dos dirigentes da guerra de libertação nacional, Ait Ahmed, informou que a taxa real de participação nas eleições não superou os 18%. A FFS declarou que a fraude fora massiva, generalizada e a céu aberto, tal como um verdadeiro *tsunami*.

Denunciou-se o uso de dinheiro público no processo eleitoral pelo candidato-presidente, assim como o apoio de grandes empresários que queriam Bouteflika reeleito. Apontou-se o ingresso da Argélia em uma crise que atrofiava o Estado e incapacitava as instituições. Na política exterior, tudo prometia continuar como no mandato anterior: a Argélia manteria a aliança militar com os Estados Unidos, as relações privilegiadas com a União Europeia, a garantia de fornecimento de energia ao Ocidente e a rivalidade com o Marrocos pela liderança regional persistia.

Iniciativa de uma política antiterrorista, a Lei de Reconciliação foi aprovada pelas Câmaras do Parlamento e depois por referendo popular. Para muitos, em seu novo mandato, Bouteflika pretendia chegar a uma lei de anistia e a um indulto em que ninguém poderia ser julgado por práticas durante os anos de conflito civil, nem mesmo por delitos classificados como crimes contra a humanidade. A eleição presidencial deixou evidente a necessidade de o país trabalhar em prol da superação definitiva de sérios antagonismos internos religiosos, regionais e políticos que cerca de meio século de independência insistia em manter.

BIBLIOGRAFIA

ABBAS, Ferhat. *Autopsie d'une guerre.* Paris: Garnier, 1981.

AGERON, Charles-Robert. *Histoire de l'Algérie contemporaine.* Paris: Presses Universitaires de France, 1974.

ALLEG, Henri. *La question.* Alger: Éditions Rahma, 1992.

ALLEG, Henri. *Mémoire algérienne.* Paris: Stock, 2005.

BÉJI, Hélé. *Désenchantement national:* essai sur la décolonisation. Paris: Maspero, 1982.

BOURDIEU, Pierre. *Sociologie de l'Algérie.* Paris: Presses Universitaires de France, 1958.

BOURDIEU, Pierre. *Algérie 60:* Structures économiques et structures temporelles. Paris: Ed. de Minuit, 1977.

BURGAT, François. *L'islamisme au Maghreb:* la voix du sud. Paris: Karthala, 1988.

CHAKER, Salem. *Berbères aujourd'hui.* Paris: Harmattan, 1989.

CHALIAND, Gerard. *Mitos revolucionários do Terceiro Mundo.* Rio de Janeiro: Francisco Alves, 1977.

CHALIAND, Gerard. *A luta pela África.* São Paulo: Brasiliense, 1980.

ÉCREMENT, Marc. *Indépendance politique et économique libération:* Un quart de siècle du développement de l'Algérie, *1962-1985.* Argel: Entreprise Algérienne de Presse, 1986.

FANON, Frantz. *Pour la révolution africaine.* Paris: François Maspéro, 1964.

FANON, Frantz. *Black skin, white masks.* New York: Grove Press, 1967.

FANON, Frantz. *Os condenados da terra.* Rio de Janeiro: Civilização Brasileira, 1968a.

FANON, Frantz. *Sociología de una revolución.* México: Era, 1968b.

FERRO, Marc. *História das colonizações: das conquistas às independências.* Século XIII a XX. São Paulo: Companhia das Letras, 1996.

FERRO, Marc. *Le choc de l'Islam.* Paris: Odile Jacob, 2002.

GARAUDY, Roger. *Promessas do Islã.* Rio de Janeiro: Nova Fronteira, 1988.

GENDZIER, Irene L. *Frantz Fanon* – Un estudio crítico. Mexico: Era, 1977.

GODOY, Ivan. *Argélia:* tradição e modernidade. São Paulo: Alfa-Ômega, 2004.

GRIMAL, Henri. *La décolonisation* – 1919-1963. Paris: Armand Colin, 1965.

GRIMAUD, Nicole. *La politique extérieure de l'Algérie.* Paris: Karthala, 1984.

HARBI, Mohammed. *Aux origines du FLN:* le révolutionnaire populisme en Algérie. Paris: Bourgois, 1975.

HARBI, Mohammed. *La guerre commence en Algérie.* Paris: Complexe, 1984.

HORNE, Alistair. *A savage war of peace:* Argelia, 1954-1962. Nova York: Viking, 1977.

HOURANI, Albert. *Uma história dos povos árabes.* São Paulo: Companhia das Letras, 1991.

IANNI, Octavio. *Capitalismo, violência e terrorismo.* Rio de Janeiro: Civilização Brasileira, 2004.

KODMANI-DARWISH, Bassma (Ed.). *Maghreb:* les années de transition. Paris: Masson, 1990.

LAACHER, Smain. *Algérie:* réalité sociale et pouvoir. Paris: Harmattan, 1985.

LACOUTURE, Jean. *Algérie, la guerre est finie.* Bruxelas: Complexe, 1985.

LENTIN, Albert-Paul. *A Argélia entre dois mundos.* Lisboa: Ulisseia, 1965.

LINHARES, Maria Yeda. *A luta contra a metrópole.* São Paulo: Brasiliense, 1981.

LIPPOLD, Walter Günther Rodrigues. *O pensamento anticolonial de Frantz Fanon e a guerra de independência da Argélia.* Monografia, Faculdade Porto-Alegrense. s/d.

MAMERI, Khalfa. *Citations du président Boumedienne.* Argel: SNED, 1975.

MEMMI, Albert. *Retrato do colonizado precedido do retrato do colonizador.* Rio de Janeiro: Paz e Terra, 1967.

MERLE, Robert. *Ahmed Ben Bella.* Paris: Gallimard, 1965.

MOUHOUBI, Salah. Argel: Office des Publications Universitaires, 1986.

OUERDANE, Amar. Sillery, Québec: Septentrion, 1990.

POERNER, Arthur José. *Argélia:* o caminho da independência. Rio de Janeiro: Civilização Brasileira, 1966.

RODINSON, Maxime. *L'Islam:* Politique et croyance. Paris: Arthème Fayard, 1993.

ROUVIÈRE, Jacques. *Le putsch d'Alger.* Paris: France-Empire, 1976.

RUEDY, John. *Land Policy in Colonial Algeria:* The Origins of the Rural Public Domain. Berkeley: University of California Press, 1967.

RUSCIO, Alain. *La décolonisation tragique.* Paris: Messidor/Éditions Sociales, 1987.

SANTIAGO, Theo (org.). *Descolonização.* Rio de Janeiro: Francisco Alves, 1977.

SANTOS, Gislene Aparecida dos. Selvagens, exóticos, demoníacos. Ideias e imagens sobre uma gente de cor preta. *Estudos Afro-Asiáticos,* ano 24, n.2, p.275-289, 2002.

SARTRE, Jean-Paul. O colonialismo é um sistema. *Les Temps Modernes,* n.123, mar./abr. 1956. In: *Colonialismo e neocolonialismo.* Rio de Janeiro: Tempo Brasileiro, 1968.

TERRENOIRE, Louis. *De Gaulle et l'Algérie.* Paris: Fayard, 1964.

Coleção Revoluções do Século 20
Direção de Emília Viotti da Costa

A Revolução Alemã [1918-1923] – Isabel Loureiro

A Revolução Boliviana – Everaldo de Oliveira Andrade

A Revolução Chilena – Peter Winn

A Revolução Chinesa – Wladimir Pomar (org.)

A Revolução Colombiana – Forrest Hylton

A Revolução Cubana – Luis Fernando Ayerbe

A Revolução Guatemalteca – Greg Grandin

A Revolução Iraniana – Osvaldo Coggiola

A Revolução Mexicana – Carlos Alberto Sampaio Barbosa

A Revolução Nicaraguense – Matilde Zimmermann

A Revolução Peruana – José Luis Rénique

A Revolução Salvadorenha – Tommie Sue-Montgomery e Christine Wade

A Revolução Venezuelana – Gilberto Maringoni

A Revolução Vietnamita – Paulo Fagundes Visentini

As Revoluções Russas e o Socialismo Soviético – Daniel Aarão Reis Filho (org.)

SOBRE O LIVRO

Formato: 10,5 x 19 cm
Mancha: 18,8 x 42,5 paicas
Tipologia: Minion 10,5/12,9
Papel: Off-white 80 g/m^2 (miolo)
Cartão Supremo 250 g/m^2 (capa)
1ª edição: 2010
1ª reimpressão: 2017

EQUIPE DE REALIZAÇÃO

Edição de Texto
Marcos Soel Silveira (Copidesque)
Alê Costa (Preparação)
Renata Siqueira Campos (Revisão)

Editoração Eletrônica
Eduardo Seiji Seki (Diagramação)

Projeto Visual (capa e miolo)
Ettore Bottini

Capa
Megaart